拼搏

吳富榮的保全集團傳奇

忠華保全集團總裁
吳富榮——著

一路走來，感謝家人總是全力支持我！
做我最強而有力的後盾！

八極拳不僅能強身，更可以防身！
我常示範八極拳讓保全人員學習。

透過各地保全同業公會的組織，
讓保全業互相學習成長！

宜蘭縣保全商
暨第一屆

宜蘭縣保全商業同業公會成立大會
暨第一屆第一次會員大會

集團化的經營管理，
整體營運更有效率！

忠華
SINO SE
忠華保全 • 齊家物業 •

耶和華果然為我
們行了大事我們

現在大家熟悉的保全服務模式，
都是一點一滴摸索出來的！

齊家保全
齊家保全

在全體同仁的共同努力下，二度榮獲金商獎的肯定。

張佑昀

神能照著運行在我們心裡的大力，

充充足足的成就一切，

超過我們所求所想的。

Now unto him that is able to do exceeding abundantly above all that we ask or think, according to the power that worketh in us.

——《聖經》以弗所書第 3 章 20 節

拚搏

吳富榮的保全集團傳奇

吳富榮◎著

推薦序

傳奇人生，因有神助

永光集團榮譽董事長　陳定川

吳富榮賢內姪的口述傳記邀我寫序。剛開始覺得有點困難，因為我從事的是化學工業，對保全業不了解。由於吳富榮是我的內姪，不好推辭，因此把這本「傳奇」從頭到尾閱完。書中情節驚心動魄，發人深省，充滿智慧、謀略和勇氣。吳富榮出於愛心，願意將自己從事保全業所遭遇的各種困難，以說故事的方式真實呈現，慷慨分享，對現代年輕人遇到人生困境時要如何面對，有很大的幫助。

由於吳富榮在世新念的是非常冷門的科系，曾因求職不易，對人生感到徬徨迷惘。直到而立之年，在偶然的機緣下，踏進了當時仍在萌芽階段的保全業。短短幾年間，一路從亞洲保全基層員工晉升到副總經理。

我認為關鍵有二：一是他不自私，主動將自己的業績分給同組沒有達標的同事，具有「慷慨」與別人分享的好品格；二是對於客戶試用安全系統發生警鈴異常的問題，認真查證，發揮「追根究柢」的敬業精神，贏得老闆的器重，逐步提升職位，成為公司的高階主管。因而有機會深入保全業的各個面向，掌握經營祕訣，更增添他創業的信心。

當吳富榮打穩事業基礎，想要拓展業務而尋求神的引領之際，聽到趙鏞基牧師證道的訊息中，引用了一段經文：

「要擴張你帳幕之地，張大你居所的幔子，不要限止；要放長你的繩子，堅固你的橛子。」

——《聖經》以賽亞（54：2）

知道這是神給他的指引，就決定擴大公司的規模。

因有神的話做依據，於是他展開購併的擴張計畫。每件購併案都有神的祝福，才能都順利。其中有一件購併案，原本談好新臺幣六百萬元，他因顧及對方需要解決債務，加碼到八百萬元，後來又再加碼到一千萬元。這是他們夫妻兩人的信仰帶來「憐憫」的心腸，才會做出超越商場上把價格殺到越低越好的習慣。

「上帝的眼目遍察全地，要顯能力，賜福給心地善良的人。」

——《聖經》歷代志下（16：9）

這件購併案，後來成為忠華保全集團最獲利的事業單位。

本書也敘述吳富榮承接酒店、寺廟的保全業務，以及深入高山、海邊做業務的過程，真是驚險萬分。好在他就讀成功中學時，曾受過「武術」訓練，練就一身強健的體魄，加上信仰帶給他的信心和勇氣，都能化險為夷。

其中，很重要的是，他對保全業的經營理念，是保護個人、企業或團體的安全，是很有意義的工作。因此在困難時，他的心中能夠獲得力量，不畏艱難、勇往直前、負起責任。

最後，他引述聖經的話：

「我又轉念：見日光之下，快跑的未必能贏；力戰的未必得勝；智慧的未必得糧食；明哲的未必得資財；靈巧的未必得喜悅。所臨到眾人的是在乎當時的機會。」

——《聖經》傳道書（9：11）

深知今天的成就，都是來自神所賜的機會和能力，將一切榮耀歸於神。

這是一本激勵人勇敢面對困難、接受挑戰的好書，樂於推薦給年輕人和有志於追求夢想的朋友們閱讀參考。

推薦序

獨闖江湖，再造傳奇

前中國民國物業管理經理人協會理事長

吳總裁三十而立之年獨闖江湖，立足新興的保全行業，歷經艱苦終創業有成，為留下奮鬥過程的詳實記錄而口述其精彩情節，令人手不釋卷、一睹為快。

其創業初期，在資金不足且不熟諳財務管理的不利條件下，投入資本密集的系統保全業務，當然吃盡苦頭與嘗盡困厄，然而當機會來臨時，卻能確實掌握，當機立斷轉進勞力密集的駐衛保全，先由預售房屋代銷的接待中心與工地保全，漸發展至灰色地帶但獲利較高的酒店保全，又能觀察到情勢變更的警訊，聆聽規勸而及時懸崖勒馬，斷然退出酒店業務。

嗣後決定改採低成本競爭策略，運用沒幾個幹部、沒會議與沒公文的「三無管理」，以業界最低的價格爭取各種競標案源，使公司業務快速成長與獲利，而逐步建立國內業界擁有最多家保全與管理公司的集團。期間對系統保全念念不忘，試圖重新經營，其透過善用三國演義的計謀，在合夥人與購併交易相對人間縱橫操控的故事，在業界留下了難忘的記憶。

我在擔任中華民國物業管理經理人協會理事長及臺北市保全同業公會理事長期間，經常率業界出國參加世界建物服務廠商聯盟國亞洲建物管理聯盟的大會，或至各國參訪，吳總裁曾兩次隨團參加，竟然每次都談成一件本書提及的購併案。

而我所創立的管理與保全公司，在出售給全球最大的物業管理公司後，欲出售系統保全業務，經洽吳總裁是否有意願購買，結果在五天內簽訂買賣契約，可見其具有獨特的掌握機會能力與果斷決策的魄力，這是創業家必備的條件，其能建立龐大的保全集團，自非僥倖。

當事業有成，創業者需轉型為管理者，建立完善健全的管理制度，才能永續經營，吳總裁近年來毅然拋棄「三無管理」，努力推動企業變革，要建造一個涵蓋高端物業、自動化生活機能、精緻保全的集團的雄心壯志。

期待未來，他的續集，帶給保全業更遠大的願景，再造傳奇。

推薦序

保全人生，人生保全

臺北基督之家主任牧師、「恩典365」主講人　寇紹恩

「因為知道我所信的是誰，也深信他能**保全**我所交付他的，直到那日。」

——《聖經》提摩太後書（1：12）

認識富榮長老、敏瀞師母是在教會裡，一直聽說他們事業做得很大，在一片不景氣中，企業版圖卻不斷擴張，實在極蒙上帝賜福！

富榮哥天生一張笑笑臉，大器又貴氣，總是一團和氣，說起話來風趣幽默，並且不時冒出三國、射雕、織田信長、豐臣秀吉……，頗有說書、講古的架勢；敏瀞姊是典型的大家閨秀，秀外慧中，幹練又內斂。一直以為他們大概是南部財團的「富二代」，令人豔羨的俊男美女、集團接

班人，直到一次聚會中，聽他們伉儷分享一路走來的艱苦路，才知道原來富榮是鄉下長大的孩子，長輩望子成龍，千方百計擠進臺北，篳路藍縷、匍匐前行，屢戰屢敗、屢敗屢戰，白手起家，拚得天下！

這期間有血、有汗、有淚，推銷過馬桶，做過地下街管理員，三十歲應徵房仲被嫌「老」，最後誤打誤撞進了保全業，竟然打開三十年的「保全人生」！

「保全」、「保全」，保護周全，可一路走來，未必盡是周全！有風有浪，跌宕起伏，甚至進駐酒店街、血戰艋舺路、周旋黑道、遊民間，還躲進廁所，逃過追殺……，這些驚險畫面，書中都有精彩描述，簡直像社會寫實電影，「上海灘」的臺灣版，千萬別錯過！

保全之路，自己得先要被保全！

一直很好奇，回首這麼崎嶇艱難的路程，富榮哥講起來為什麼總是老神在在，既沒「血氣」，也無「火氣」，好像講的是別人的事。這讓我想起舊約聖經的一位人物：約瑟，經歷了陷害、背叛、抹黑……，卻毫無苦毒、怨恨，為什麼呢？原來，他經驗了這些：

「從前你們的意思是要害我，但神的意思原是好的，要保全許多人的性命，成就今日的光景。」

——《聖經》創世紀（50：20）

在所有的艱難險阻，甚至遭遇至親惡意攻擊的手，約瑟始終經歷一雙看不見的手——上帝的手，化咒詛為祝福，轉惡意成美意，做他的擋箭牌，當他的避難所，不單「保全」了他個人，更「保全」祝福了許多人！

富榮長老、敏瀞師母的「保全人生」也是這樣！

從他們完全走投無路的時候，姑姑送他們一本聖經，帶他們認識這位能「保全」他們「人生」的主耶穌開始，他們一路經歷：這位獨一的真神，那一雙看不見的手，始終「保全」他們！

人生需要「保全」，這位全能的上帝是我們「人生的保全」！

這一對在臺灣開創「保全王國」的傳奇夫妻，用他們人生走過的路，向你見證他們的「保全人生、人生保全」！

「耶和華必保全他，使他存活；他必在地上享福……」

——《聖經》詩篇（41：2）

前言

永遠的安心守護

本書是我這三十年來保全人生的真實紀錄，記錄了我如何從無到有，從一家小小的公司到如今擁有近五千名員工集團的過程。

其中有創立時的艱辛，曾經四處借貸，求助無門；也有峰迴路轉的驚奇，從開疆闢土到涵蓋全臺的規模；有謀略的運用、化險為夷；更有千鈞一髮，躲進廁所才保住一命的驚險。

回憶過往，這些年一路走來，充滿了許多的故事，在那個時代變遷的過程中，我們一邊學習成長，一邊拓展事業版圖，見證了臺灣社會各層面的多樣面貌。許多現代熟悉的術語，諸如圍事、黑衣人等，是那個年代開始出現的。大家在日常生活中已經習以為常的，例如一出門就看到管理員在樓下跟你打招呼問好，在大樓停車出入口也有制服筆挺的保全人員協助指揮交通等，這些服務其實在早年並沒有，都是隨著服務觀念的提升，由我們保全產業逐步累積而成的生活模式。

我是如何踏進這一行業？如何創業？又是如何破繭而出的？

好希望能與您分享這一切。

如今集合住宅、豪宅如雨後春筍冒出來，不變的是一個身為保全人的堅持，做為保全業先驅的一員，有神聖的使命，不只一家一集團的努力，也要為永遠的保全宏圖盡心盡力。

期待我的故事能帶出感動和激勵，成就大家更美好的未來。

目次

第一部

江山待起——事業草創篇

第一章　保全初體驗

每個人都有自己的人生志向，我們常聽到許多人小時候立志要當警察，但很少聽到有人最早的人生志向是從事保全工作。其實不論是保全或警察，都和人民的安全有關。一般而言，你在生活中不常遇到警察，但卻可能會天天和保全人員見面。他們不只是你的財富守護神，也是你可靠的朋友。

三十年前，以人力為主的保全，當時還沒有制度化，一般就稱作大樓警衛。這種警衛是由各社區自己出錢聘請人員坐在出入口看顧，這些人沒有受過任何訓練，頂多就是在那邊收收信件，讓陌生人不敢隨意進出而已。

最早的保全公司是從「系統保全」開始發展的，簡單來說就是警報系統，透過科技化設施，一旦有外力入侵家園、企業或店面，就能發出警訊，一方面即時嚇阻侵入者，一方面也聯絡治安單位，立即前往查看。

如今隨著科技越來越發達，所謂「道高一尺魔高一丈」，犯罪手法日新月異，保全系統自然也須高度開發，結合網路雲端等尖端技術，讓整個被保全的對象，成為一個智慧型的受保護體。這是持續進展的事，也是我的企業不斷研發努力的方向。然而在三十年前，國內保全業萌芽的階段，我因緣際會的與保全沾上了邊。

讓我們回到我最早投入保全產業的時代吧！時光往回撥三十年。

一九八七年，當時我還是個剛滿三十歲的年輕人，我的志向不大，只想找個工作，有個生計就好。

★漂泊無奈的二十歲

我的個性還算認真踏實，也非常積極上進。小時候住在鄉下，考試成績都是班上數一數二。父母擔心在鄉下成長的孩子將來無法面對社會的競爭，於是千方百計把我送到臺北來設籍。沒想到，一開始我在臺北學校班上的名次總是墊底，才發現原來城鄉差距那麼大。但我急起直追，很快的，到了小學畢業的時候，成績總算拉到前段班。

然而，這樣的我，青春歲月卻非常不順利，讓鄉里親友感到失望，我對自己也感到非常沮喪。我高中念的是成功高中，還算不錯的學校，但不知道那時候為什麼每天總是過得渾渾噩噩，我是班上五個沒考上大學的其中一位，我只考上了世界新聞專科學校，當時還有三專。我在世新讀的是「報業行政科」，這個科系現在已經消失了，因為那是個非常不合社會實用的科系，也因此，對我往後找工作沒有任何幫助。

什麼叫報業行政科呢？老實說，就連當年我在學校請教師長也得不到一個明確的答案。基本上，就是把報社當成事業來營運，針對此目的因應而生的各類工作，就是這個科系要學的內容。定位有些尷尬，要學的東西很雜，卻沒有一項專精。我們要學編輯採訪，但又不是專業的編輯；我們要學印刷排版，但也不是專業的印刷；我們還要學會計學、市場學、統計學等種種商學，但我們也不算商業科。

最直接的影響，就是畢業後找不到工作。去應徵記者或編輯，我們不算真正的科班；去應徵會計人員，更不會被接受。到頭來，我們這科系出來的，都只能學非所用，去做各種最好找的工作，也就是推銷員。因此，我從入社會開始，有好幾年的時間都是在做業務推銷，說我是業務出身的，一點也沒錯。

孔子說：「吾少也賤，故多能鄙事。」年輕的我，也真的什麼都做。我推銷過馬桶座、賣過除濕機，也做過百貨公司地下街的管理員，當年還不流行什麼賣場商店街，那是最早時期的貴婦逛街場所。我從事過許多不同業種的業務工作，但沒有一個做得長久的。時光一年年過去，我除了每天工作奔忙外，內心也非常失落。

小時候，我在鄉里算是模範生，是被鄰里稱讚的典範。但似乎應驗了那句話：「小時了了，大未必佳。」那些看著我長大的叔叔、阿姨們看我的眼神，從期許到無奈。每次回到老家時，我幾乎可以聽到他們無聲的傳達：「這個年輕人沒救了，工作一個換過一個，也都沒有穩定下來，沒前途了。」

但是我又能如何呢？我並不是好吃懶做的人，也希望可以在都市生活有所成就，光宗耀祖回到故鄉。然而我當時只有強烈的無力感，非常的徬徨無助。我心裡有一個念頭，就是我要敗部復活，我要成功！就這樣，我度過了最年輕的二十歲年代。轉眼間，已經年至三十，一事無成，仍經常看報紙廣告找工作。

當時全臺灣房地產正興盛，很多人做這行也都賺了大錢，於是我也想嘗試看看。只是沒想到報紙一翻開，每家房仲業的徵人要求，都是年紀必須在二十八歲以下，剛退伍尤佳。天啊！我這個「老人」甚至連應徵的資格都沒有。怎麼會這樣？我的人生到底怎麼了？我真的前途無望了嗎？三十歲的我，那時已經全然的無助、全然的迷惘。

也就是在這樣的背景下，當時翻報紙我看到亞洲保全公司在應徵業務，抱著總要找個工作維持生計的無奈心態。就這樣，已經老大不小的我，開始投入保全產業。

基層保全業務歲月

一九八七年，三十歲出頭的我進了亞洲保全。

這個行業當時才剛興起，《保全業法施行細則》都還沒有頒布。像這樣的行業，在中國稱做保安，韓國叫做警備，臺灣這邊則是幾經討論，後來定名為「保全業」。一九八〇年代末，全臺灣從事這行的公司沒幾家。

我加入保全產業擔任業務推廣的工作，當時我的年紀在同事中已經算偏大的，甚至有年輕人把我看成中年大叔。但無論如何，我希望這是個穩定的工作，於是決定好好用心去做。

以前做業務時，特別是賣保險的，都會被形容成「挨家挨戶賣保險」。我在亞洲保全賣的是保全系統，其實也是這樣，每天的工作就是「挨家挨戶賣保全」。我因為年紀比較大，實務上也比較有業務經驗，所以擔任業務主任的職位。當時在亞洲保全，業務團隊有十幾個組，每個組的主管就是主任，旗下帶領三、四個人。以組別業績挑戰的形式，刺激彼此成長，也藉此提升公司業績。

當時社會上百業興盛，正面臨臺灣政治社會轉型，中小企業數量也持續蓬勃發展。保全業的客戶，主力就是這些中小企業，他們可能是經營店面，或者是小型貿易公司，白天上班，晚上辦公室沒人守護，這時就會需要一套完好的保全系統保障公司的財產安全。而我們業務的工作，就是去說服這些店家或企業主，安裝我們的保全系統。

這樣的銷售不算容易，畢竟中小企業資金有限，安裝保全系統每個月都要多出一大筆開銷，不是人人負擔得起的。我們那時的每月標準業績額度是一個人三件，身為主管的我，不只要顧到本身的月達成目標，還要協助同事整體達標。我們這組的表現不是最頂尖的，但至少都還可以達成基本任務。

還記得那時候，我和整個團隊相處得很融洽，幾個人大多是單身男子，平常工作有一定的作業流程。基本上，開發客戶的最佳時間是下午時段，上午主要是用來開會及做些文書工作。每天上午開完會，我們幾個夥伴會一起先去組員小張租賃的小屋。在那個只有一、兩坪大的空間裡，幾個男人窩在那聊天、下象棋，玩小小的賭博，輸贏只在幾十元間。中午大家就湊錢買便當吃，之後睡個午覺，下午開始幹活。

日復一日的這樣過下去，有時就讓自己的腦袋放空。忘了歲月，忘了夢想，談人生太嚴肅，這樣的日子滿好的，我也暫時不想改變。

我不尋求改變，但改變還是來找我。我的業務工作面臨重大轉型。

★升任公司副理

身為基層業務主管，我對組員還是會做到基本的管理，雖然平常可以打打鬧鬧，一起吃飯一起下棋，但該工作的時候我也不會放鬆，我會督促他們。我們不會整天打混，因為沒有業績就會失去頭路。

我不僅要做好自己的本分，還要盡量做到可以照顧每位弟兄，若有哪位夥伴這個月業績拉警報了，我們一定設法幫忙挪些業績給他，讓大家都可以平平安安的繼續打拚下去。

印象中，我當年開發的一個大客戶，是一家到現在仍很知名的眼鏡公司。那時他們已有一、二十家分店，因此如果能談成這個客戶，也算是個大案子。我很努力去跑這家公司，一開始都被拒絕，他們覺得自己只是眼鏡公司，又不是銀樓、珠寶店，不會是小偷的目標。

但我仍鍥而不捨的去拜訪，並且主動提議：「要不然這樣，你們可以先選一家店，我先幫你們免費安裝，試過沒問題後，你們再來考量要不要全面安裝。」這回對方終於同意了，於是我們在他們挑選的示範店家，安裝了亞洲保全系統。

沒想到測試過程非常不順，不知為何，這家店的警報一天到晚常常在響，弄得雞飛狗跳的。每當警報聲響，就打擾到鄰居的安寧，理所當然便引來嚴重的抗議。眼鏡公司那邊也很生氣，要我立刻去將系統拆除，他們不打算安裝了。

我自己也感到十分納悶，為什麼警報會一直響？於是便親自跑過去守在店家，觀察到底出了什麼狀況。明明沒有人出入，也沒動物跑進去，是什麼觸動了警鈴？最後我觀察到原因，原來是每當風大一些的時候，窗簾就會飄起，而被敏感的紅外線偵測到，以為是「異物入侵」，所以觸動警鈴。

找到原因後，要改善就容易了。當眼鏡公司再次要我拆除系統時，我把原因分析給他們聽，表示只要排除窗簾飄起來的情形就可以解決問題。

當時他們看我那麼認真，不好意思表現得太絕情，仍猶豫不決。此時發生了一件事，正好有一家分店夜半著火了，損失了一些財產。這件事讓他們改變想法，認為安全防護還是必須的。於是終於做了決定，和亞洲保全簽約。

類似這般的案子，我的團隊成績雖然不是最好的，但也始終有一定的績效，全組沒人陣亡，我們便一天天這樣掃街拜訪客戶。

有一天，我和同事小周兩人一組，選定一條街，他拜訪左邊店家，我拜訪右邊店家，約定以盡頭的紅綠燈為界，先訪完的人就在紅綠燈下等。當天小周先拜訪完，一個人站在紅綠燈下抽菸，我過了一會也訪完，走去和他會合。沒想到他面色有點凝重的看著我，然後說：「主任啊！我看你還是不要做了。」

聽到這句話時，我當下愣在那裡。接著小周語重心長說著：「剛才在抽菸時，遠遠的看著你在那邊挨家挨戶拜訪，一個中年歐里桑挺著肚子，一家一家哈腰點頭的，這個畫面我實在看不下去了。」

這句無情但真實的話，讓我瞬間感到心灰意冷，已經刻意遺忘的年紀問題再次浮現。我已是個中年人，仍是個一事無成的推銷員，這實在令人沮喪。

當天，我就想辭職了，正打算寫離職書遞出，但命運就是那麼巧，就在隔一天，公司公布欄出現了新的人事公告。早先我們就聽聞老闆要從幾個業務主任中挑選一個人當副理，沒想到我們團隊成績雖然沒有很頂尖，但最終老闆挑的副理人選竟是我，幾乎跌破了所有人的眼鏡。

就這樣，我趕快把寫好的的辭職書揉成一團丟掉，成為公司的高階主管。

境界不同？

在一片驚訝聲中，我這個原本打算放棄的中年業務，一夕之間成為副理。大家都不明白我雀屏中選的原因，連我自己也很好奇，為何公司選擇的是我。可以自我解釋的理由，可能是我平常自己做好業績後，都還會照顧其他組員，所以我們這組的成績很平均，大家都能存活。但原因真的是這樣嗎？我和大家一樣好奇。

於是有一次我們透過祕書，請他找機會請問老闆，為何要提拔我當副理。後來得到的答覆是：「**吳富榮這個人，境界跟別人不一樣。**」

原來我的境界跟別人不一樣？代表我比較有格局、比較有願景的意思嗎？當時的我還是很不明白，但經過這次的鼓勵，我更加全心的投入工作。

往後的日子裡，我也經常有這樣的感覺，命運之神總在我人生的關鍵時刻神來一筆，為我化解危機，或指引人生新方向。如今回首看來，這一生總像有隻無形的手在牽引著我。

升任副理後，有一段時間，我把主力放在清查「幽靈客戶」上。所謂「幽靈客戶」，就是曾經是我們的客戶，但後來發生失竊案件而有理賠爭議，中間過程可能互相有爭執，最後兩邊各不相讓，後續就卡在那邊，既不繳費也不接受服務。

我覺得這樣的事還是必須解決，於是便親自一家一家去拜訪，盡量重建當時的情境。理論上系統裝好不應該沒功效的，到底是哪個環節出了差錯？透過電腦資料回溯，我一一找出最初的觸發點，試著重建犯案過程，研究系統是怎麼被破壞的？又為何我們的人無法立即防範竊盜？總之，一環扣一環，我想釐清問題，不要讓事情懸在那裡。

透過我的努力，一個個幽靈客戶又逐步活了過來。有一回，因為調查理賠事宜，有個客戶私下跟我說，他們丟掉的是三萬元準備金，但如果我可以配合他們，往上呈報為十萬元，那麼他為了感謝我，一定會對我「好好表示」。

當下我立即義正嚴詞的拒絕了！沒想到隔了沒幾天，竟有消息傳過來，這個客戶特別去電跟我們老闆說，他們請到我這個人真是賺到了，因為我公正不阿，品行值得信任。

這次的事件後，我更加獲得公司的肯定。此後一路晉升，最後升任亞洲保全的副總經理。

錦囊妙計，無力回天

在亞洲保全時期，我們純粹是做系統保全，沒有做警衛業務。這是個初期需要較大投資的產業，因為每當有一個新客戶簽約，我們就要建立一整套的系統，包括線路、偵測器材及電腦網路等等，都需要投資不少的設備成本。通常建立一個客戶後，要經過二到三年，透過每月收取保全費才能回本。

原本積極開發業務是一件好事，但是當客戶建置越來越多時，卻也為公司帶來龐大的設備建置成本，這讓公司經常發生財務周轉危機。

以前身為基層業務主管，我不會知道這種事。直到升任公司高層後，參與公司經營，我開始感受到公司龐大的財務壓力。身為副總，我經常要去協助周轉，常需把客戶支票拿去當鋪貼現。說實在的，我自己以前從不跑當鋪，此時卻必須經常去，心中感受很不好。

我後來就跟老闆說，一直這樣下去也不是辦法，或許我們可以學學其他企業的募資方式，看有沒有更好的出路。老闆問我擅長這領域嗎？我當然不擅長，於是他登報去找「募資高手」，並且還真的有號稱專家的人來應徵了。

當年我的想法很單純，我們從事的是正經事業，我們做的保全系統是真的有設備、有服務，絕非空殼公司，所以這項募資絕對是合法。只不過募資這樣的事仍必須低調神祕，記得當時老闆和我分配任務，我在他小老婆家守候接聽應徵電話，一有人來電我初步審核通過，就通知他們可以去ＸＸ大飯店大廳喝咖啡，我們老闆已等在那裡等候面對面商談。

應徵的人還不少，後來確認的專家團隊，幫公司規畫設計的募資辦法，其實以現代術語來說，就是「非法吸金」。因為當時公司推出一個叫做「亞洲高爾夫球證」，那個年代一張高爾夫球證是很值錢的，是可以增值的。如果我們有一塊地，真正開發成高爾夫球場，那的確可以推出這樣的球證。可是當時我們並沒有取得真正完全合法擁有所有權的地，而是一塊仍有幾個釘子戶、地主尚未完全同意的地。但這批專家不管三七二十一，直接把這塊地包裝成一個充滿願景的高爾夫球場，對外號稱正在整建中，前景看好，一張高爾夫球證喊價到一、兩百萬元。

當時的行銷策略很成功，很短時間內竟然就吸金了八、九千萬，老闆一時也得意忘形，忘了這塊地的實際狀況，球場的執照根本下不來。

那時剛好爆發臺灣經濟史上很有名的經濟犯罪案，史稱「鴻源案」。當時我已經覺得市場氣氛很不對，於是力勸老闆這件事要小心，但是早已沉醉在爆發戶感覺的老闆及其家人，根本就聽不進去。

我覺得繼續在這家公司再待下去終會危險臨門，於是便藉口自己的大姊在美國做生意，找我過去幫忙，因此提出辭呈。身為公司的高階主管，又是老闆的心腹，老闆自然是要慰留的。但禁不起我的辭意甚堅，我的辭呈最後被批准了。

臨走前我還是想幫公司做點事，於是我用一張小紙條精心包裝起來，作了個「錦囊妙計」，交給他的小老婆。我提醒她，若有什麼危急狀況就打開來看。

但她哪裡會等到什麼緊急狀況呢？當我一離開辦公室後，她就迫不及待打開我的「錦囊妙計」一看，我寫著：「事已至此，三十六計，走為上策。」她只是哈哈大笑，覺得我太杞人憂天了，心裡絲毫不以為意。

我想勸他們離開，無奈他們身為局中人，沉迷在持續湧進的龐大財富中，看不出危機所在。果然不到一個月，調查局就來調查吸金案，對我有知遇之恩的老闆便入獄了。對於此事的結局，我也深感無奈。

當年的亞洲保全就此結束。後來經過種種變化，已是不同的經營企業體，而那已不屬於我的人生故事了。

歷史典故：錦囊妙計

我在亞洲保全時代，最終離開時留下了一個「錦囊妙計」。說起錦囊妙計，典故語出三國。大家應該都有聽過一個三國時期的故事，叫做「三氣周瑜」。身為歷史上知名的軍師，周瑜本身已是才氣縱橫，是三國時代最頂尖的智將，不料這個智將卻屢屢敗給諸葛亮。

其中最經典的故事，就是諸葛亮透過「錦囊妙計」，最終讓劉備娶得美女歸，氣得周瑜吐血。

話說，劉備在占領荊州後，蜀國勢力越來越大，吳國孫權擔心這樣的發展，於是周瑜獻計，以劉備喪妻為由，要孫權招劉備為妹婿，想趁機扣下他當人質。當時諸葛亮無法親自陪在劉備身邊保護，卻已事先準備三個錦囊，交給趙雲，並對趙雲交代，當碰到困難不順時，就依順序打開錦囊。

於是趙雲護衛劉備一路去吳國，中間過程，周瑜幾次想抓劉備，都因趙雲事先依諸葛亮交代，一個個打開錦囊，並依錦囊內指示行事。最終，周瑜的聯姻之計被迫弄假成真，孫權之妹真的成了劉備的夫人。

後來劉備要回歸蜀國，周瑜派兵來追，但趙雲早已依錦囊計安排了救兵，讓吳國只能眼睜睜看著劉備的船越行越遠。此時再聽到荊州士兵齊聲高叫：「周郎妙計安天下，賠了夫人又折兵。」周瑜大怒，吐血昏倒在船上。

許多時候，有的人分析時勢，有預知之明，想要和掌權的人分析，對方卻無法接納，最終只留下錦囊妙計，希望還可以有一絲挽救餘地。若對方還是執迷不悟，留計者，至少也已盡到提醒之責了。

第二章　我創業了！

創業容易嗎？創業當然不容易。所以許多人儘管覺得上班不自由，覺得自己的才能還有更大的揮灑空間，但真正要他們鼓起勇氣創業，卻仍是猶豫的。在臺灣，許多人「寧為雞首，不為牛後」，但真正落實創業，後來也真正有模有樣做起來的並不多，根據統計，只有5％成功，其他95％最後都以失敗收場。

年輕時我當然也曾想創業，但最終仍只是不斷轉換跑道，直到三十歲後進入保全業，之後高升到公司副總，心中也很滿足，那時壓根沒想到要創業。說起來，創業這件事茲事體大，任何人任何時刻想起這種事，都必須三思而後行。

如今回想起來，當年我創立「忠華保全」，那過程還真充滿艱辛挑戰，而今回首前塵往事都還有些膽顫心驚。

★輸贏無絕對

在亞洲保全時，我是個副總，但一旦離開公司，我就什麼都不是了。於是我又回復到二十幾歲，經常翻報紙找工作的尷尬，甚至那時候情況還更糟。

第一，我過往的資歷是副總，這職銜大到很多公司都不敢聘用，況且我的過往經驗是在保全產業，和大部分業務領域無法銜接。第二，我的年紀又更大了，當年我剛滿三十時都很難找工作了，現在三十好幾，更是處處碰到年齡門檻，覓職無門。

一九九〇年，臺灣瘋什麼？那年正是股市狂飆的年代。我過往工作也存了點錢，看到別人買股票可以一夕間賺到別人好幾個月才賺到的錢，自然也感到心動，於是我也跟著別人買股票。

但我的「股票運」很糟，而且還是特別糟。別人買是多贏少輸，那時一路狂飆到上萬點，而我卻幾乎買什麼賠什麼，最後只好黯然出場。朋友甚至笑我，只要跟我買的相反就一定會賺錢，那時我成了朋友間嘲笑的話題。怎知一夕間股票翻盤，一路狂殺到六千點以下，這時候大家才知道，其實我是高手，預知了「山雨欲來風滿樓」。

這讓我想起一個金庸小說的故事。在《射鵰英雄傳》中，黃藥師招婿，洪七公帶著郭靖，歐陽鋒帶著歐陽克，兩個年輕人一起來參加比試。由於黃藥師心中偏袒貴公子歐陽克，故意用音律比試，想讓完全不懂音樂的傻小子郭靖知難而退。郭靖是一個超級音律素人，完全不懂音律，所以每當黃藥師吹笛吹到關鍵轉折處，郭靖就敲下竹節，每一敲剛好就打斷黃藥師的節奏。最終結果，貴公子歐陽克受音樂誘惑，心神迷失，輸了比賽。反倒郭靖看起來一竅不通，卻是大智若愚傻人，贏得比賽。

有時候，我覺得我就像那個郭靖一樣，大家投資股票，一堆高手從中予取予求，初期像是如魚得水。而我這股市傻小子，怎麼投資就是不合股市韻律，每次看起來都打錯節拍。但以結局來看，當年年底臺灣股市暴跌，從萬點快速下滑，許多股民慘被套牢，甚至有人被搞到家破人亡。那年代，臺灣股民哀鴻遍野，而我這位股市常敗軍，卻因為之前屢試屢敗，早早退出這個市場。

原本看似一路輸，但最後以結局來看，我卻又變成贏家。所以勝負無絕對，上天自有一套評判標準。不過回歸到生活，那時候的我仍苦於工作無著落、做股票也沒成績的困境。

求職不順心，整個人也無精打采，經常上午還賴在床上。有一天，老婆要外出上班時，出門前跟我說一聲她要上班了，我則躺在床上有氣無力的要她出門小心。老婆看我這個樣子，她一時情緒上來，對著我破口大罵，罵我這樣子整天窩在家中，沒出息。

當時的我，雖然覺得自己很窩囊，卻又不甘心被罵，當下嗆聲：「我不會沒出息，我要開一家公司，讓你瞧瞧！」

老婆好奇的看著我：「你要創業？創什麼業？」

「我要開一家保全公司！」脫口而出這句話後，就這樣，我「決定」要創業。

★困窘的創業初期

若真的要創業，實在說，的確我當時最專精的領域就是保全業了，畢竟我在保全公司也當到副總，並且從基層做起，也算對這個行業有基本的了解。

老婆問我：「你真的會經營保全公司嗎？那大概需要多少資金呢？」

我發起豪氣說：「只要給我三百萬，就可以做出一番成績出來。」

過往我從未當過老闆，對資金運用沒什麼概念。後來才知道，三百萬遠遠不夠用，甚至三千萬也不夠用。

保全公司是一個前置投資資金很高的行業，當年我對保全的經驗還只是系統安裝，想要拓展市場就要不斷購置設備機器，這其實會是一個很大的錢坑，並且有很長一段時間都不會有獲利。

可以想像一下，如果在地上挖一個大洞，不斷注入水，但水也會快速流失，要注水注到很高的量，當水都滿出這個洞開始往外流了，這才代表獲利。我當時創立保全公司，初期就像在挖一個洞，還沒獲利之前，要不斷的注水進去，這裡所謂的「水」，指的自然是大量的資金。

最早的那筆三百萬資金很快就燒光了，只夠基本的辦公室設立及人員招募，連設備建置都不夠。於是從創業那天開始，我和老婆兩人不斷在籌錢，每天醒來第一件事，就是煩惱錢怎麼來？

我們自家的積蓄逐步花光，可以貸款的、可以標會的，親朋好友可以借錢的、各種籌錢方法都用盡了，但公司進帳的速度永遠比不上設備花錢的速度。

那真是壓力很大、灰天暗地的日子，我們每天被債務壓得死死的，親朋好友也都用鄙夷的眼光看我們。

「看看這個吳富榮，當年是鄉里的模範生，現在呢?出社會打混十多年，沒做出什麼成績，如今又到處借錢，真是令人搖頭嘆息啊！」

當時我們無助的景況，真的是一般人難以想像。

姑丈的故事

說起創業，不得不提到我姑丈的故事，他的事業是上市公司。在我創業最開始時，有一筆很重要的資金來源，這筆錢就是那家公司的原始股票。為什麼我們家會有那家公司的股票呢？原來當年那家公司創業時，我父親和我都有參與，說起來也是段有趣的故事。

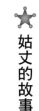

早期日本的科技是走在臺灣前面的，對臺灣企業來說，能和日本廠商合作，往往是事業能否成功的重要關鍵。但和日本人交易，有一個長年的陋習，那就是要喝酒應酬，並且慣例是要帶去北投泡湯、喝花酒。

姑丈那家公司草創期時，有一回好不容易和一家日本廠商談成生意，準備簽約皆大歡喜的時候，此時日本廠商代表就提到，如今大家那麼開心，是不是要帶他們去酒家「HAPPY」一下啊？沒想到姑丈委婉的拒絕，並告知日本廠商，他們誠誠懇懇的做生意，信仰不允許這類的應酬。日本廠商一聽之下很錯愕，當然這筆生意就泡湯了。

損失一個客戶，業務推展自然碰到重大挫折。只是沒想到，雖然損失了一個小客戶，後來卻贏來一個大生意，並且改變了姑丈那家公司的命運發展。

原來，那個日本廠商回到日本後，對這件事仍耿耿於懷，經常拿這件事當做茶餘飯後的話題講。有一次，在參加一場大型商業聚會的時候，這家廠商又拿這件事出來講，告訴大家，臺灣有這麼一家廠商老闆叫陳定川，是如何的不識相云云，此時旁邊有另一個廠商默默聽著，卻覺得這家臺灣廠商才是值得合作的公司。

不久後，姑丈到日本考察，正巧要去拜訪這家廠商，這家廠商的總裁一聽到「陳定川」這個名字，當下決定親自接待，並且表明要無條件將技術轉移，《聖經》哥林多前書8：3說：「若有人愛神，這人乃是神所知道的。」這真是上帝送來的禮物。

不過由於對方是日本人，提供的專業日文文件需要找人協助翻譯。我父親的日文有不錯的基礎，所以在他們公司接受技術轉移的階段，姑丈也請我父親幫忙，參與了許多機密 Know-How 的翻譯工作。當年還在讀書的我，則是參與了翻譯潤飾的部分，由於我父親翻譯的文件，內容可能不太通順，經過我再潤飾，才能變成正式文件。

就這樣，我們跟姑丈買了一些股票。儘管當年的股票價值還不高，但到我三十幾歲的時候，這些股票已經大幅增值，也成為我們創業的重要資金。

那一本啟蒙的聖經

創業初期不斷燒錢，已經到了借貸無門地步的我們，心中最後的一線希望，就是姑丈了。那時父親已過世，我想最後只能尋找姑丈來拯救公司了。

結果我們卻吃了閉門羹。

平常姑丈待人很友善，對於慈善事業也都願意慷慨解囊，如今對於我的求助卻一直未出手相助。一開始我們很不解，後來反省自己後，覺得他們這樣做沒錯，畢竟想想我們當時的情況，當年靠著他們的股票增值，最好的時候，那些股票也價值一、兩千萬，足夠我們過不錯的生活了，但現在連這一、兩千萬也因為創業被我們燒盡，聽起來有點敗家子的味道。親友都對我們搖頭嘆息，若他們不願意借錢給這樣的人，也是理所當然。

此事直到三十年後，我才知道，原來那時候傳話的人並未將我的求援訊息傳達給姑丈。這讓我領悟到，上帝真是奇妙，特別關上「人的方法」這扇門，卻開啟了「神的方法」這條路。

不論如何，我們還是很需要錢，但眼看四處碰壁，前途看不到希望。我們天天都很痛苦，日子不知道要怎麼過下去。就在這個時候，有一天姑姑出現在公司。

陷入失望困頓中的我，看到來者是姑姑，頓時眼睛一亮，以為借錢的事出現一絲曙光，因為我看到姑姑的手中拿著厚厚一疊紙包的東西，看起來像是一疊兩、三百萬的鈔票。

我充滿期待的看著姑姑打開那個紙包，結果拆開一看，原來不是錢，而只是一本《聖經》，當下極度失望的情境，溢於言表。

但姑姑仍苦口婆心的告訴我們，說我們今天的情況不是任何人能幫忙的，要靠神才有辦法。已經需錢孔急的我，渴望的資金沒拿到，卻只等到來傳福音的姑姑，真是讓人心灰意冷。聽著姑姑熱誠的和我談神，我當時腦袋一片空白，也聽不懂。姑姑不斷強調：「你們一定要常去教會，快去尋找神的協助，上帝一定給會給你們開路的！」

她還說：「人的盡頭就是神的開始。」等等。

我有氣無力聽著，直到姑姑走後，仍失意的坐在那裡。天啊！我們需要錢，再沒有資金我們就完蛋了。誰可以救救我們啊！在極度絕望的這個時候，老婆說：「既然我們也沒辦法可想了，那就去教會走走吧！」

我們就是從那時開始，尋求上帝的指引。

★狂哭過後的奇蹟

自從姑姑來訪後，我們真的就開始常跑教會了。一開始抱持著死馬當活馬醫的心情，我們就去教會看看會不會有奇蹟。

當然，心中不誠，純粹有所求而去教會，我們並不會因此拿到錢，就這樣，儘管我們經常跑教會，經濟的問題仍未獲得改善。

雖然聽牧師講道、唱詩歌等等這些都很好，但錢還是沒有從天上掉下來。

直到有一天，我實在被逼急了，想起牧師曾說：「夫妻同心，禱告功效更大。」那時候，我們也真的已經走到谷底，就快要走不下去了，心中充滿悲苦，我和老婆說：「一起禱告吧！」

我永遠記得那一天的情景，我們抱著一種已經無能為力、只能完全託付的感覺，夫妻倆跪在床前，迫切呼求上帝憐憫。我倆跪在那痛哭失聲，哭了很久很久。

那一天，錢仍沒有從天上掉下來，但我和老婆的內心，卻得到了異樣的平靜，突然間內心感到很釋放，很安心。我們真正感覺到上帝已經聽到我們的聲音，好像祂已答應要幫我們了。

奇蹟也跟著在第二天發生了。

這真的是很神奇的事！就在第二天，我們接到新聯陽公司的電話，他要我們去報價，說是有一個工地樣品屋的保全案要招標。新聯陽在當時是國內很大的一家房屋銷售公司，旗下有許多建案代銷。但當天我們接電話的第一個反應是，這不是我們的業務領域。我們那時候做的是系統保全，而不做人力派遣保全。在電話中，我們禮貌性的說：「這一塊不該找我們。」

沒想到對方說：「沒關係，來報個價又沒損失，你們就報報看吧！」我當時想，報價就報價吧！反正的確沒什麼損失。

當時還鬧了個笑話。我們報價過去說一小時收費多少，傳真過去後，對方就笑我們還真不懂行情，人家都是以一個月報價，我卻報價一小時收費多少，要我重新報價。

重新報價就重新報價吧！我計算了一個月的報價後再度傳真過去。對方收到傳真後，立馬回電跟我說：「就給你們做吧！」

沒想到我們竟然拿到了這個案子。這是我們由專職系統保全，轉型為系統和人力派遣都做的開始。而這次的契機，不但改變我們創業的方向，也讓企業起死回生，興旺了起來。

從系統保全轉做人力派遣保全

老實說，當我接到新聯陽的電話通知，說我們公司拿到這個案子時，一開始我沒有多大的興奮，有的只是一種錯愕甚至慌張的感覺。

為什麼慌？因為在此之前，我們從沒做過人力派遣的保全業務，因此當天全公司陷入雞飛狗跳的忙亂中。

眼看就要準備簽約，準備進駐了，當時我們卻什麼都沒有。派遣人員，我們要開始招募。公司制服，連設計都還沒設計。各種裝備，什麼指揮棒、反光衣，統統都沒有。

就在一陣忙亂中，一方面多方去學習了解，擔任駐地保全的作業方式，一方面趕快應徵人力及添購設備。

當時還不知道人力派遣可以幫我們帶來多少收入，後來仔細算一算，其實利潤還算不錯。以一個派遣人力來說，每派駐一個人力，公司每月就可以賺約八千元。

當年保全相關法律還沒出爐，許多作業模式也都是邊摸索邊改變。那年是一九九〇年，全臺灣也才約有十二家保全公司。我們從新聯陽的案子開始承接，有一就有二，之後陸陸續續就有很多這方面的保全案子。隨著接案越多，我們旗下的保全人手也越多，如同前面說的，每個保全業務派駐，就代表公司每月有八千元淨利，一個八千元，一百個就是八十萬元。

這是一種之前沒想過的模式，從前做系統時，要先投入百萬、千萬元，並且要等很久才能慢慢回收。但是人力派遣卻是每月都有現金進帳，於是當時我們全心投入這項新的事業模式。同時也沒有特別再去煩惱籌錢的事，那兩年我們儘管沒有賺大錢，但至少這項改變填補了錢坑，讓公司得以繼續走下去。

直到兩年後回頭來看，我們才恍然大悟，啊！原來我們已經走過那段灰暗期了。

如果當年姑丈是直接借我兩百萬，那麼這筆錢一定也早已投入錢坑，很快就燒光了。但如今上帝卻用了全新的方式指引我們走出幽谷，讓他那時不知道這件事，以致沒能伸出援手，我們才能走入教會。當我們體悟到此，夫婦不禁相擁而泣，感激上天的恩典。

後來在我們周轉有困難的時候，姑丈也一路幫助我們度過難關，他真是我們學習的榜樣、尊敬的長輩，他所出版的《往高處行》（中國生產力中心出版）一書更激勵了許多人。

儘管公司逐步脫離困境，但尚未飛黃騰達，當時公司的人力規模約兩、三百人。之前公司人力只有一百多人時，我曾和教會牧師打趣要做一個比賽，因為教會要傳福音、增加會友，如同我們公司要拓展版圖一般。我跟牧師說，我們來比比，看誰擴展的速度快。

前幾年，創業維艱，我們的人數緩慢成長，由一百多人拓展到兩百多人。同時間教會也是從一百多個教友成長到兩百多人，我們彼此砥礪、相互打氣，牧師挑戰我，看誰能先衝到五百人。不久我就達標了，但教會卻落後，我們就沒再比下去了。

當我們公司人數成長到五百多人時，有個朋友跟我打賭，敢不敢挑戰年底人數達到一千人？當時我自己也只是把這當成一個自我挑戰的目標，一切盡力就是了。沒想到到了年底，我不只規模擴大到一千人，不久都已經達到兩千人了，後來更一路成長到五千人的規模。

一路走來，我自己也充滿驚奇。就好像一個人原本在學校擔任系主任已經很滿足了，不料後來可以當到教務主任。沒想到，接著竟然可以擔任校長，心想到此總該是極限了吧！結果最後再被徵召去擔任教育部長，令人驚奇。

我覺得我的事業發展就是這樣的感覺，忠華保全逐步成長茁壯。

歷史典故：人算不如天算

人算不如天算。命運的故事，很難預料。有時候再怎麼努力，都無法達成任務，眼看就要面臨慘痛失敗，但無意間改變了新方法，卻可能出奇制勝。

第一次世界大戰中，最有名的一場戰役，是發生在法國默茲河畔的「凡爾登戰役」。時為一九一六年，當時軍力強盛的德意志帝國，把龐大的軍力投入西線戰場，猛攻法國凡爾登。

決勝的關鍵在雙方的砲火。德國軍隊擁有一千兩百門大砲，對著法國日夜猛烈轟炸，相對來說，法國只有六百多門火砲，在戰場上，簡直是被挨著打。

眼看德軍步步進逼，法軍無力阻擋，節節敗退。隨著德軍戰火越猛烈，法軍砲兵雖盡力還擊，無奈砲火比別人弱，人員死傷大半，彈藥也快沒了。再怎樣轟炸德軍，那火力似乎對德軍不痛不癢，眼看敗局已不可避免。

就在最後關頭，法國僅剩的火砲不再對準德軍，而改為瞄向德軍後方的補給陣線。當時並沒有覺得這是反敗為勝的戰術，只是想對德軍的後勤造成傷害。沒想到這次的炮火擊中德軍的彈藥庫，並且帶來強烈的連環爆炸。

瞬間，德軍後方龐大的火炮陣營被連環火焰吞滅。局勢大逆轉，法軍反攻，最終取得凡爾登戰役的勝利。

有時候換個方式，卻能帶來截然不同的結果。但這樣的方式，往往當下並沒立刻察覺，當我察覺時，我已經擺脫低谷，事業做起來了。

第二部

一代佳人——另類保全篇

第三章　我不是黑道啦！

社會是由很多個層面所集合的，許多人一生中，只在某個圈圈裡打轉，對於其他領域的事，只能看電視或道聽塗說。好比說一個老師或學者，可能一生認識的朋友就只是教育圈的人；一個上班族，可能也就只在他那個商品領域裡打拚。但在我們日常熟悉的環境周邊，可能有很多被視為社會邊緣的場域，例如傳統市場，例如酒店，其中有很多辛酸血淚，也有很多感人的故事。

保全這個行業，真正是深入社會各層面的行業。我們在一般管理良善的住宅社區看得到保全，我們在大樓林立的商業區，也看得到保全。在臺灣的各個角落，包括偏遠的山邊，那裡的挖採工程，需要保全；包括在都會裡較灰暗的角落，如酒店也需要保全。因此，身為保全業者，我這一生聽過很多的故事，我的經歷也算多彩多姿了。

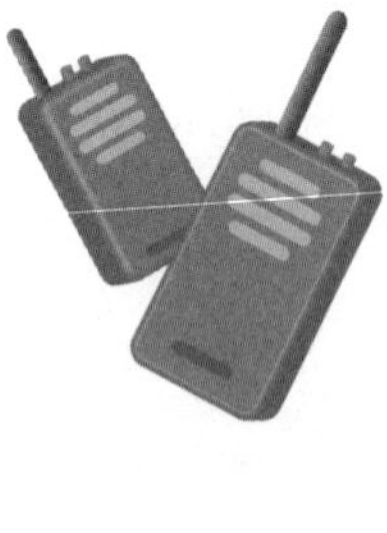

傳統觀念中，人們總愛把酒色財氣相關的領域與黑道連上等號。其實，如果人們沒有欲望，這些行業又怎能生存？如果都是非法，那國家也不會放任，只要可以生存，就是屬於合法範圍。至於什麼叫黑道，什麼叫白道呢？**人心自有標準，所謂黑道中人，多的是具備俠義心腸，私底下也愛行善的人；所謂白道或者政商名流，又真的有多少人具備慈悲心腸，行事完全端正呢？**

十幾二十年來，我接觸過各式各樣的行業，看過形形色色的人，萬事萬物無絕對，有時候人與人相處看的是緣分，有時候一件事的發生，有其不得不然的背景。單看表面或單聽傳聞，是無法真正深入內裡的。這裡就來講講我們在酒店從事保全事業的故事。

進駐酒店街

提起酒店，一般人的印象是什麼呢？是燈紅酒綠的生活，是酒女的滄桑無奈？在現代多元化社會中，人們有更多元的娛樂選擇，網咖、茶店、護膚中心、養身館、ＳＰＡ會館、汽車旅館、溫泉沙龍……，非常多元。無論任何時代，只要和人性需求有關的，就一定有市場，這無關善惡對錯。就連鄉下路邊小小的檳榔攤，可以春色無邊，也可以純樸善良。同樣的，**在都會中的五星級酒店，那裡可以接見世界級大師，也可以藏著三教九流。**綜觀臺灣庶民娛樂史，「一代佳人」酒店，可說是一個重要的里程碑。

一九八〇年代末期，臺灣經歷政經的轉型，社會逐步脫離威權時代的僵化，民間力量變得興旺，娛樂的方式也變得更多元。當年臺北的南京東路、林森北路、新生北路一帶，夜生活就已經開始變得精采，這裡是許多政商人士，白天談生意、下午談合約續攤的必去所在。

一代佳人酒店位在南京東路、新生北路路口，是娛樂夜生活的地標。當時還首創很多制度，之後成為其他酒店的標準ＳＯＰ。因應店名叫一代佳人，因此酒店小姐被稱為公主，也是從那時候開始的。從此，公主陪酒成為臺北市酒店業發展的新趨勢。這股趨勢不只在臺北，也拓展到全省，一代佳人的故事，也是臺灣娛樂夜生活的故事。

夜生活的故事和保全業有什麼關係呢？這也是我當年心中的問號。當時我接到公司的幹部報告，說有酒店來電，要我們保全公司派人去做警衛。我第一個想法是，對方一定打錯電話了。酒店是酒店，保全是保全，彼此井水不犯河水，兩者根本牽不在一起。印象中，酒店需要的是「圍事」，保全則是看守民眾的居家或辦公室安全，性質完全不同。

我那個幹部是很值得信任的，思慮清楚，他一再跟我強調，這件事是真的。我心想，既然是開公司，也沒必要把上門的生意推開，於是我就再去詳細詢問，到底對方要什麼？得到的回應是，不需要做什麼，只要做好我們保全的本分：看守客戶的產業，每天排班站在門口就好，也不會要求我們的保全弟兄加入幫派，或強迫染上不良習慣。

我心想：「酒店也是一種公司嘛！公司需要保全也是正常的，我派兩個人去駐點吧！」

畢竟這樣公司可以有多一點收入，加上酒店那邊也表明，只要簡單守在門口就好，沒有其他多餘的任務，我心想天底下哪有那麼好賺的事，於是便答應承接了。

直到後來，我才知道酒店和保全結合的真正原因。講白一點，就是一種「工作漂白」。由於酒店工作出入分子複雜，打架鬥毆的事比較多，酒店若要明目張膽找弟兄來圍事，那麼三天兩頭就得去警局報到，帶給社會的觀感也不好。但若是委請政府合法立案的保全公司，那就沒人有話說了吧！我這是保全，不是兄弟圍事喔！

這個合作模式一經採用，酒店的形象立刻有了轉變。當一家酒店建立模範後，其他酒店看了覺得可行，也紛紛起而傚尤。於是一下子，擔任酒店保全成為我們公司的一個獨立「事業群」。

這是我們公司和酒店產生連結的開始，於是也有了接續好幾年的故事。當年我們服務的酒店有很多，一代佳人酒店只是客戶之一，在那個年代，我們看到許許多多的英雄佳人，上演了很多悲歡離合的故事，有時候想起來，內心還真有無限感慨。

黑衣人的誕生

酒店是我原本不熟悉的領域，但就如同我當初進駐時的思維，我們的職責就是保護這家公司，如同我們去科技公司擔任保全，不代表我們一定要懂得這些高科技；我們在酒店擔任保全，不代表就要加入黑社會。

不過一開始我心裡還是非常擔憂，會不會因為我們保全業者搶去黑道圈的財路，因此得罪他們呢？還好我是多慮了。所謂黑道弟兄，對我們不但不排斥，相反的還非常歡迎，因為保全公司已經成了他們的護身符。

怎麼說呢？既然保全公司進駐，有了合法的業者擔任警衛工作，有這樣的合法身分，也不是只有我們的既有員工可以擔任啊！黑道弟兄需要工作時，為何不能加入保全呢？事實上，隨著公司的擴展，我也的確需要這方面的人力，特別是酒店的保全人員，絕不可能找中老年人擔任，而必須找年輕少壯的人手，真正出事時至少有點分量可以擔任護衛者。而這樣的人手，那些黑道弟兄裡最多了，因此順理成章的，那些原本沒有正業的弟兄，現在合法加入成為保全弟兄，也讓社會達到充分就業，兩全其美，再好不過了。

所以演變到後來，我們保全同仁中，有很多都是由那些弟兄加入的。當然，公司有公司的規範，包括勞健保以及基本的出缺勤要求都要遵守，否則這會影響公司信譽。對於許多黑道大哥來說，養一堆弟兄是很花錢的，他們也很樂意身邊不需要養那麼多人，而讓他們尋求「正職」。當警察前來臨檢時，他們也可以理直氣壯掏出員工證說：「我是保全公司的員工，是合法的公民，不是黑道哦！」

此後，這樣的酒店越來越多，乃至於全盛時候，酒店街那一帶都是我的保全客戶。我並沒有刻意要去搞地盤，組織自己的勢力，然而卻因緣際會的成為地方上的一股力量。我不是黑道，我是保全，但不爭的事實是，我旗下擁有一群「武力高強」的弟兄，他們是守護酒店不被鬧事的對象，也無形中變成我的武力。

一開始，每家酒店都有固定的派駐人員。依店的規模，一般小店面只要一個人就好，稍微大點的店要兩個人，更大的需要三、四個人，依此類推，記得當時某個大舞廳，規模就大到需要派駐八個人。

由於這家酒店是我的客戶，那家酒店也是我的客戶，整個區域都是我的保全範圍，因此人力調配就變得有彈性，等於是一整個團隊的概念。我擁有一群人，可以調派這人去那家酒店，或去那家酒店。如果這家酒店出狀況，那邊的人也不會孤立無援，因為其他附近的酒店，可以派人去支援。反正都屬於同公司旗下，我們的勢力不只保護一家店，也因為形成規模經濟了，所以已經成為整個區的「守護神」了。

身為有制度的公司，我的保全一定都要穿制服，剛好我們公司制服統一規定都是黑色系列的。而保全採取團體守衛模式，那年代還沒有大哥大，只有 B.B.Call 呼叫器，事先我們都制定好規則，B.B.Call 出現什麼代號就代表什麼事，每次 B.B.Call 傳訊，前面代碼代表出了什麼事，後面代碼代表在哪家店發生，規則清楚明瞭。因此只要一有哪家店出事，就會緊急傳出 B.B.Call 訊號，所有該區附近的人同步接收訊號，也同步出動。

因此我們動員非常快速，一家有難，不到十分鐘，來自各地的黑衣人就會齊聚，一下子調動五、六十人，任何再囂張的鬧事者，看到一下子冒出這麼多人來，嚇都嚇死了，往往都是立刻棄械逃亡，連吭都不敢吭一聲。

這就是所謂「黑衣人」的由來，如今我們看新聞報導，每當提起黑道就說什麼黑衣人。如今我們早已退出酒店這個領域，但黑衣人這名詞卻流傳下來，並且不因時代變異而落伍，這也是當初所始料未及的。

不免和黑道交流

大家常說：「吃燒餅沒有不掉芝麻，吃魚哪可能不沾腥。」我們保全事業進駐酒店，如果說要完全不跟黑道扯上關係，那簡直是癡人說夢。重點只在於牽扯關係有多深，在關鍵時刻是否可以守住分際而已。

由於我們的保全同仁都是年輕人居多，他們原本就血氣方剛，加上很多的出身背景或多或少和黑道有關係，所以要他們百分之百每天只按表操課、照規定站崗是不可能的。每個年輕人都有自己的故事，負責派駐酒店的保全人員，也不會只是一直站在門口，他們總會和該店的酒店小姐交好，適時來個英雄救美，甚至和某個小姐變成男女伴侶。工作的時候，幫公司的成分少，護花的時間多，這些情況都是一定會發生的。

就以前面所說的黑衣人部隊為例，理論上，當一家酒店保全出了問題，我們動員周邊所有人一起過去嚇阻，這是為了保全需要，並沒有錯。但問題出在這類事很難控制，如果黑衣人圍過來後，鬧事者嚇跑了，那事情就結束了，也不會有什麼非法狀況。但如果進展到雙方打起來，或者更進一步，用我們的勢力去嚇阻其他人，那進退就難以拿捏了。

由於我們這群黑衣人迅速好用，於是每家酒店經理也習慣借用這股力量。基本上，只要酒店有人賴帳，一個 B.B.Call 叫來一群人，讓無賴知難而退，這還算合理。但若經理本人開車在外頭與人擦撞，也是一通 Call 機號召一群人馬包圍對方，這就很難定義了。

總之，到頭來，酒店在地的生態都改觀了。原本是不同黑道的勢力相折衝，現在變成我們公司成為「在地」最大的勢力，許多幫派大哥把小弟託給我「照顧」，讓他們有工作，讓他們可以養家。這樣的發展，我也只是被整個局勢牽著走，而我的交友範圍，不免會跟不同的幫派來往，大部分的堂主我都認識，甚至在許多人眼中，我也被視為黑道中人，那也非我所能決定了。

基本上，我還是做好我的本分工作，守護好客戶委託保全的產業。對於我的員工，也就是那些黑衣人，我只能盡力做好依公司規定，該怎樣就怎樣，不放任員工掛名字不做事，也不放任員工自己欺負自己的同事，這是基本的要求。

但不論如何，我經常與黑道見面，服務場域又是在牛鬼蛇神最多的酒店街，要不出狀況，根本就不太可能。事實上，狀況三天兩頭都有，有時候甚至覺得自己在以命相搏，發生了很多差點沒命的狀況。

★千鈞一髮的致命時刻

話說身為保全公司老闆，不論酒店街的性質如何，我還是有責任督導所屬是否做好保全工作，因此我也經常去這些地方巡視。

有一回我接到電話，說位在忠孝東路那邊的酒店，有一派黑道要來砸店，請我過去看看。我當時原本就要去那附近考察，便開車一個人繞過去那邊想去「了解」一下狀況。通常酒店滋事大部分都是臨時起意，可能就一桌人馬叫囂，規模相當有限。當天我也沒想太多，像是關公單刀赴會一般，一個人穿著西裝就來到了那家酒店。

沒想到電梯門一打開後，我當場嚇到了。怎麼那麼多的人？不是七個八個，而是上百人，只見黑壓壓一片，我面前都是人，而且每個看起來都不是好惹的樣貌。而這群人的頭頭，一個凶神惡煞模樣的人，正以令人膽寒的聲音，邊摔東西邊對著櫃檯經理叫囂。

我當時一方面基於好奇，一方面也想，我跟這群人無冤無仇，我不是他們對付的對象，竟然不知天高地厚的不退反前。我穿過人群擠到最前面，想看看這位黑道大哥是誰？不料就在那當下，那個凶神惡煞罵到一半，眼睛一轉看到我這個穿西裝戴眼睛斯斯文文造型的，一看就不像是他的弟兄，馬上對著我吼：「你誰啊？」我當下嚇得話都說不來。儘管平日管起員工還算有點氣勢，當天卻整個人舌頭打結，兩腿發軟。

我眼看苗頭不對，轉身就想離開，只見那位黑道大哥立刻大喊：「那個人是誰啊？怎混在我們裡面？」這一喊我的心臟嚇得快要跳出來，立刻鑽回人群中，第一時間後面的人不知發生什麼事，只聽到大哥在發怒，這群凶神惡煞愣了一下之後，大家才意會過來要來抓我。

雖然這已是二十年前的往事了，但如今只要回想起當天的情況還是餘悸猶存。在眾家牛鬼蛇神刺龍刺鳳的弟兄中，我趁亂朝著室內亂走，後面則是一群黑道在騷動中吶喊抓人，在一片混亂當中，我覷眼看到走廊邊有一個包廂的門正好開著，便千鈞一髮閃了進去，並迅速躲進廁所裡。

此時只聽見外頭人聲鼎沸，許多人高喊：「躲哪裡去？給他死！」我明知這時候一點聲音都不該發出來，但整個人仍慌亂的不斷喘氣，那呼吸聲之大，連我自己都覺得就算外面的騷動聲音再大，還是聽得見。人就是這樣，平常自以為膽大心細、無所畏懼，是個英雄，一旦危機真正降臨時，才發現整個人都慌了，變得非常恐懼，心跳超過兩百下。

當時我正處在生死邊緣關頭，而那群凶神惡煞則在集體暴力的沸騰情緒中，早已失去理性，一見到我就會把我碎屍萬斷。我努力要自己不要再喘了，但仍止不住急促的呼吸聲。我整個人害怕到發抖，兩眼直盯著廁所門，覺得任何時刻都可能有人衝進來拿刀往我身上砍。

我怕極了，只能低著頭不斷的禱告：「上帝救我，上帝救我，上帝救我……」

說來神奇，在我感到極度害怕時，隨著我低聲禱念上帝，心跳逐漸緩和下來，漸漸的也比較平靜一些。

此時外頭仍然人聲沸騰，但感覺聲音有比較遠去，於是我鼓起勇氣站起來，打開門走出去，而包廂中竟然都沒人注意到我。就在這時候，電梯門一開，一個壯碩的保全人員走了出來，一下子所有人的目光都被他吸去。

大家瞧見這個看起來有點臭屁的人，這個保全仗著自己的體格好，加上他搞不清楚狀況，一副「三角六翹」的樣子，大家問他是誰，他就大聲說：「我是保全公司的。」話一說完，一群人立刻湧上去一陣拳打腳踢。在此兵荒馬亂之際，我也趁機從邊梯逃離，之後再請求支援救回那個保全人員。

如今想來，當時真是神奇，那酒店的範圍有限，為何當下我所在的那個房間沒人想要進來搜查？真是上天保佑，讓我得以死裡逃生。

歷史典故：死裡逃生

西元五三八年八月四日，東魏、西魏在洛陽、黃河之間大戰。

西魏丞相柱國大將軍鮮卑人宇文泰的座騎不小心被流箭射中，驚恐狂奔，失去控制，讓宇文泰墜馬落地。

東魏士卒追到後，此時宇文泰左右侍從全部都已逃散，司令官隴西成紀人李穆跳下馬，用皮鞭抽打宇文泰的背脊，大聲詬罵說：「呆頭鵝！你的長官在哪裡？怎麼只剩下你一個人？」

東魏的追兵沒有想過他是將領，不加理會，從他的身邊馳過，後續東魏追兵見前面的人都未予理會，也不疑有他，繼續向前追殺。等東魏兵通過後，李穆、宇文泰才一同乘馬逃出戰場。

於此同時，西魏總司令官祁縣人王思政，深陷東魏軍隊的包圍，侍從衛士全都戰死了，眼見王思政身受重傷，暈倒在地。而東魏士卒清理戰場時，刺殺倖存的西魏將士，幸好此時天色已晚，東魏便收兵回營，王思政悠然甦醒，幸運逃過死劫。

原來，王思政每次出戰時，都身穿用破盔舊甲，敵人看不出他是高級將領，所以得以逃生。

——內容引用自耿繼文《資治通鑑新解》

我不是黑道中人

從開始參與酒店保全起，兩三年的時間過去了，當時整個大環境也在改變。隨著保全工作的狀況越來越多，我對投入這個領域也越來越感到不對勁，一直想著該如何退出這塊市場。

一九九六年，政府頒訂了《組織犯罪條例》，對於各類黑道茲事，包括三人以上有組織的行動、酒店圍事、暴力打人、討債等等，都在該法的監督範圍。當碰到這類的犯行時，警察可以直接抓人，只要有祕密證人檢舉，就可以把人抓進去。

那時候整個社會風聲鶴唳的，我的家人也對我的工作感到擔心。說實在的，我眼看自己旗下的保全人員在酒店生活待久了，也都慢慢變質了。我真的很擔心，自己早晚有一天也會被列為犯人，逮捕入獄。

而這些年輕人真的太過血氣方剛，經常成群結黨、逞凶鬥狠，失去理性，常常把事情做過頭了。例如有一次，有兩個人因為喝醉了，在酒店鬧事還把電視打壞，酒店保全透過 B.B.call，一下子找來了數十人。

這兩個人一看知道事情糟了，他們自知理虧，於是表明願意賠償電視等損害，然而酒店老闆卻不領情，他表示如果每個人來店裡都可以這麼囂張，之後賠償就沒事，那這家店怎麼經營下去？他非得給這兩個人一點教訓不可。

那天我剛好在場，既然酒店老闆那麼堅持，我也無法阻擋。心想，要修理也行，反正在我帶領下，大家演演戲，高高舉起、輕輕放下，希望大家都有這樣的默契，不要將事情搞大，彼此配合一下就好。

當時我很有自信，以我保全公司老闆的身分，相信所有弟兄都會配合。沒想到當天情況卻失控了，那兩個人被帶到小巷子裡，我指示他們就配合演一下，假裝被打。沒想到那群年輕人一出手，凶殘的本性都就出來了，場面一下子失控，我只好自己跳下去阻擋，卻平白挨了許多拳腳。直到那兩個人倒在地上，大家一看情況不對，當下才一鬨而散。

還有一次，我經過一條巷子時，聽到有間店面裡頭大聲嚷嚷的，好像是有人在鬧事。我好奇的走進去一看，還真巧，我看到一個多年不見的朋友，他正被困在店裡，似乎和黑道起了衝突，眼看就要打起來，這個朋友嚇得半死，不知該怎麼辦？幸好那群黑道朋友我正好都認識，於是我就跟朋友說：「沒關係，我帶你走！」

他半信半疑、戰戰兢兢的跟著我走了出去，全身而退。他看我真的把事情解決了，直呼不可思議，頻頻打探為什麼我這麼罩得住。

原本以為這樣就沒事了，沒想到那個朋友的媽媽竟然打電話給我，問我現在是不是在混黑道？到底是怎麼回事？

經歷了這些事，讓我不禁驚覺，不能再這樣下去了，類似這樣的事情，讓我覺得這領域不能再碰了，再碰會進入不歸路。酒店保全這條路，我真的必須退場了。

但退場有那麼容易嗎？這是我當時很困擾的事。

講義氣的黑道中人

提起黑道，許多人腦海中就冒起逞凶鬥狠、殺人不眨眼的可怕形象。但我認識很多的道上兄弟，其實都非常講義氣。比起現代社會很多表面道貌岸然、實則不講信義的人來說，這些道上兄弟可愛得多了。

保全進駐酒店街後期時，治安掃黑正如火如荼進行。有一次，有個酒店幹部因為個人債務問題，被幾個黑道弟兄押往另一家酒店的包廂談判。由於這個酒店幹部我們認識，剛好他被押去的那家酒店也是由我的保全人員負責，所以就在這個幹部被押去的第一時間，我們黑衣人的系統就已經得到通知，當下一群人便趕過去聲援。

說實在的，這件事已經超出保全的範圍，畢竟那個被押的人是因為個人債務問題，酒店本身並沒有被騷擾，但那群弟兄靠著人多勢眾，當天衝進酒店，把那幾個黑道弟兄打得頭破血流，各個都送去醫院。

那群黑道被打，他們的老大自然不會善罷甘休，而且對方勢力不小，是屬一屬二的大幫派。他們開始調查打人的是誰，一查之下發現是我們公司。不過對方很聰明，他們也不採取硬幹的方式，而是選擇我們服務的酒店，一家一家去騷擾，今天這家，明天那家，讓我們防不勝防。那些酒店老闆知道這妻子是我們公司捅出來的，於是紛紛要求我要出面解決，不能殃及他們。

身為老闆的我，不能一直逃避這件事，只有出來面對。但大家想了想，對方是黑道，我們平常看電視或電影，都知道跟黑道談判是一件多麼可怕的事，這種事可不是憑著一身豪邁之氣就可以的，那只能說是去送死。因此我的作法是找人當中間調人，要彼此別把這件事情鬧大了。而且當時時局不好，政府掃黑盯得兇，希望大家好好談。

為了避免火拚，那一陣子，我今天拜訪這個大哥，明天拜訪那個大哥，前前後後左拜託、右拜託，天天陪大哥們吃喝賠罪。這樣的狀況大概持續一個月，花了超過上百萬元，雙方終於找到一個共識，願意坐下來談。

最後，我終於和他們的老大見面了。他這個人十分豪爽，看到我就說：「既然大家說好這件事到此為止，那麼就一言為定，我們不再是敵人，我們是朋友。」

他甚至說：「要不然你們乾脆就跟著我，以後從臺灣頭到臺灣尾，保全就是ＸＸ幫，生意保證做不完了。」

我當下感謝他的好意，告訴他企業有企業的規畫，不方便做這樣的結合。那位大哥人也相當乾脆，沒有強求我硬要跟著他們。往後他也信守承諾，沒有再和我們有任何不愉快，這件事至今已經超過二十年，他的誠信沒有變質。

還有另一件事，也是我們保全弟兄做過頭了，讓保全工作節外生枝。事情的起頭還是有人鬧場，我們的弟兄到場後，衝去把那些鬧場的人海扁一頓，本來我們的任務只需制止，不要讓酒店受損就好。但這群年輕人每次就是仗著人多勢眾，喜愛逞凶鬥狠，我雖三申五令不要暴力，到頭來他們還是非打到對方見血為止。這回不止濺血，三個被打的人都情況嚴重，被緊急送往醫院。

於是我們又惹上黑道了，對方大哥很生氣，我又得出面解決。

這群年輕人平日為了得到酒店小姐關愛的眼神，總是喜歡在美女面前表現神勇，打架都特別用力。一旦出了事，我要他們陪同時，卻是一個個龜縮不前。外出和大哥談判前，我還交代到時候誰誰誰要出來陪我。可是真正到了現場，很悲慘的是，從頭到尾只有我一個人出現，那群「英雄好漢」沒有半個出現。

情況很是尷尬，黑道大哥還以為我這個人很有氣魄，敢單刀赴會，是個英雄漢子。實際情況是，我的內心焦躁不安，一直期待我的弟兄們趕快出現。然而談了半小時，他們卻是一個也沒有出現，我算是對他們死心了。

那回談判，我後來就說：「你們有三個人受傷了，那我賠三十萬給你們。」

對方見我很阿莎力，便說：「好！就這麼說定了！」

不討價還價，也不找我麻煩。對方以大哥的身分當著弟兄面前說，這件事就這麼決定了，從此雙方無恩仇，所有的事與我們公司無涉。

這位大哥真的很講義氣，當時掃黑正在勢頭上，由於我的客戶和酒店有關，我也多少會和大哥們見面，會發名片出去。有一回我被警察傳喚，一去才知道由於在黑道身上搜出我的名片，所以覺得我和黑道有牽扯。

檢察官當面問我，你請黑道當你們公司的顧問嗎？我當下否認說：「他們是我的保全客戶，但我不知道他們是不是黑道？」

檢察官就對我笑笑說：「小心點啊！這事情可大可小。」

後來這事不了了之，檢察官放我一馬。

事後我才知道，那個曾和我談判的黑道大哥，因為酒店鬧事的事被抓了，但他非常講義氣，從頭到尾完全沒提到我們公司打人的事。當時如果他提到我們公司的名字，我可能早就被提報為流氓被抓走了。

我很感佩這群講義氣的人，雖然因為成長環境，讓他們有些人走上不歸路，但是在道上，他們是值得尊敬的。

就地解散，回歸正常生活

最後，我還是希望能趕快脫離這個是非之圈。

隨著整個大環境掃黑的氣氛越來越凝重，而我的保全團隊也越來越失控，我覺得如果再和這樣的事牽連下去的話，最後一定會拖累到我的本業。那時候整個情勢很緊張，我雖然只是個保全公司老闆，但像我這樣經常出入酒店街的人，早就受到相關單位的注意了。

當時保全公司的家數也逐漸變多，這些保全業老闆們雖然和我同行，但很多都出身自軍系、警系甚至是情治單位，例如有的是警政高官退役，轉而擔任保全公司老闆或股東，他們和警政系統都還有聯繫。那時候就不時有同業來對我表達「關心」，他們基於好心，會問我：「最近有發生什麼事嗎？」

我回答：「沒事啊！為何這樣問？」

他們就老實跟我說：「『上頭』有人在關心你。」

一個跟我這樣說也就罷了，但是當有兩個、三個人這樣對我說，事情就不簡單了，我知道我真的被盯上了。說難聽一點，我可能離監牢只有一步之隔。

雖然我沒有具體犯罪事實，但根據《組織犯罪條例》，如果我的保全弟兄三天兩頭都和打架鬥毆、聚眾滋事牽扯上關係，我這個老闆可以全身而退嗎？

為此我日子過得憂心忡忡。

有人提醒我，我的電話可能被監聽了，並告訴我測試監聽的辦法，如果拿起話筒按幾號幾號，出現某種聲音，就代表我被監聽了。我回家去測試一下，還真的被監聽了！不只家中電話、辦公室電話，就連當年我剛新辦的大哥大門號，也全都被監聽。我內心除了惶恐外，還感到憤怒，畢竟誰喜歡一天到晚被監視呢？

有一回我喝了點酒，心裡越想越氣，便打電話給電話障礙臺112，說我的電話故障了。對方檢測了一下，說：「先生，你的電話好好的沒有故障啊！」

我就反問：「什麼叫電話好好的？我的電話被監聽了啊！」

結果對方竟然跟我說：「被監聽？那你就該好好檢討啊！」

聽得我哭笑不得。

從這件事後，我決定收掉這部分的事業，不再參與酒店街的保全工作。不久，我擇日召開公司大會，召集了全部七、八十人，當眾宣布這個團隊就此解散。

可以想見那群年輕人都是不可能答應的，因為這個工作，讓他們不只每月有薪水可以領，酒店也會給他們小費，況且他們在酒店多半有各自的紅粉知己，怎能說散就散呢？但這件事已經做了決定，再下去大家都會完蛋。我告訴大家，不解散不行，否則下回就綠島見。

眾人仍不依，我臨機一動，說：「好啊！不想解散是嗎？那麼不解散的人都列入名單，我哪天被警總抓去要送往綠島，這批名單上的人都會跟我一起過去。」

這時大家才紛紛搖搖手說：「不要！不要！」然後一哄而散。就這樣，我的保全事業從酒店街退出了。

歷史典故：火燒戰利品，激勵再戰

要解散這群酒店保全弟兄並不是那麼容易，這時候就要發揮一下「謀略」的力量。

西元一六四年，東漢荊州州長度尚，招募民眾組成軍隊，討伐艾縣變民集團，大獲全勝，變民投降的有數萬人，但首領卜陽、潘鴻仍率主力部隊逃入深山。度尚窮追不捨，一連擊破三座堡壘，搶獲不少金銀財寶。然而戰鬥主力並沒有受到傷害，聲勢仍大。

度尚準備繼續攻擊，可是他的部隊既驕傲又富有，已經不想打仗，如果繼續挺進，必然發生逃亡。於是宣稱：「卜陽、潘鴻當強盜已十年，精於攻守，我們人數還不夠多，不可輕率前進，必須等各郡援軍趕到，才能發動攻勢。」

說罷，下令軍中，允許將士們自由打獵。令下後，一片歡騰，上至將領，下至小兵，幾乎全體出營取樂。度尚祕密派出心腹親信，到大營縱火，把蓬帳燒成一片灰燼，搶劫來的財寶，也全被燒毀。

出去打獵的將士們興高采烈回來，目睹殘局，無不流淚號泣。度尚向他們安慰，深自責備對火災疏於防範，然後激勵他們說：「卜陽等的金銀財寶，可以使我們幾輩子都用不完，問題只在你們肯不肯出力？燒掉的那點東西，又算什麼？」大家踴躍請求出擊。

度尚下令，餵飽戰馬，早上不再集合，就在床前進食，向變民集團發動拂曉攻擊。卜陽自認山寨堅固，沒有戒備，度尚乘著軍隊銳氣，攻下城堡，所有變民集團全被消滅。東漢政府封度尚當右鄉侯。

——內容引用自耿繼文《資治通鑑新解》

之後還有一些小插曲。

有一回，我去參加一個全國保全人員的業務會議，在場除了來自全國的保全公司業者外，也有警政人員。會後聚餐時，一位刑事主管碰到我，說剛好順路問我要不要搭便車，我上車時看到同車還有一個人，是一位刑事局很高階的長官。

在車上彼此介紹時，那位主管介紹我說：「長官，這位是忠華保全吳董。」

那位高階警官可能正想事情，沒有特別在意，只是隨口招呼一下。此時那位主管再次強調：「就是那個忠華保全吳董。」

那位高階警官像是大夢初醒，他提高嗓子說：「哦！就是『那個』吳董喔！」

當下他握緊我的雙手，說聲：「幸會幸會！」

也不知我的名聲在警界被傳成了什麼樣子。不論如何，終究我已脫離那個是非之圈，回歸保全業務本業。後來那位警官在短暫沉默後問我：「酒店的情況如何？」

我刻意用淡定的語氣說：「切斷了。」

這是我人生的一段刀口瀝血經歷。

歷史典故：快刀斬亂麻

有時候遇到明顯的混亂局勢，越是攪和其中，越是後患無窮。當情勢明顯不對時，不該貪戀手邊的財富，應該快刀斬亂麻，尋求一個好的解脫。

魏晉南北朝時期，北齊神武帝高歡，為了考驗自己的孩子哪一個可成材，曾經做了一項測試。他把兒子們一個個叫過來，然後丟了一團亂麻給他們處理。每個兒子的處理方式不同，有的絞盡腦汁，想方設法想解開亂麻，花了很多時間，仍沒結果。高歡只是嘆了一聲氣，說：「下去吧！換下一個。」

另一個兒子也是和亂麻糾纏半天，弄到心浮氣躁的，高歡又是嘆一聲氣要他下去。就這樣，一個一個兒子出來，每個都想展現本領，但在耗了不少時間後，沒一個成功的。

最後輪到高洋時，只見這個高洋，看到這團亂麻，二話不說，抽出快刀，一下子就把麻砍斷，麻絲落了一地。高歡吃了一驚，覺得這兒子做事明快，將來會有出息。

果然，日後就是這個兒子登基做了皇帝。

我曾經在酒店保全這塊做得很興旺，但眼看情勢越來越混亂，各種勢力都來「參一腳」，我當時決定快刀斬亂麻，勇敢放棄這塊市場。

後來總算沒被混亂拖下水，讓公司持續在其他領域成長。

第四章　浴血守護的慘痛代價

身為保全公司的老闆，我服務的對象遍及各行各業，其中有一個特別的經歷，是臺北很有名的某寺廟了。對我來說，這與宗教無關。不論對方是廟宇或教堂，我都要依照保全的專業，對他們做出專業的服務。

但這的確是個很特別的經歷，我也見證了臺北市發展的一段歷史。甚至以整個保全歲月來看，那段歷史是少見的全武行，畢竟，我們正常的保全工作，只要有人員守衛，一般是不會發生鬥毆事件。但在該寺廟做保全服務的那一段期間，我們卻是時時刻刻都處在劍拔弩張、雙方對峙的「備戰」狀態。

龍蛇混雜，乞丐趕廟公

在我們公司承接酒店街業務的年代，那時候的臺北西區還沒有完善的規畫。歷史悠久的中華商場剛被拆除，西門町也仍是一片雜亂，是嚴重老化的地區，到處遊民充斥。

說起遊民，可說是都市的無奈。他們也算是時代的產物，曾經是臺灣「一府、二鹿、三艋舺」熱鬧的所在，也是早年移民群居尋找希望的地方。然而一代又一代的人來這裡尋找機會，又有多少人能實現夢想，找到人生新希望呢？於是不論是本省人、外省人、榮民或原住民，他們來到了這裡，被現實生活打敗，沒能做出一番名堂，不幸成為遊民，或者被趕出家門的，或者離家出走的，漸漸的，他們好像就變成屬於街頭巷尾以大地為家的人。

身為臺北繁華重鎮，公園成為遊民聚居地，其中這座寺廟一方面地處熱鬧的地方，本身又有很多可供休憩的座椅或空地，一方面也因國內外人潮眾多，方便遊民索食，於是遊民群聚，成為當地揮之不去的頭痛問題。

問題之嚴重，不但破壞觀瞻，當地居民更把這些遊民視為一顆毒瘤，乃至於國外的觀光客來臺時，都被提醒逛這座寺廟時要小心。這裡也常發生不幸的事件，包括幾起敬香客被遊民騷擾甚至打傷等，至於東西被偷更是司空見慣的事。

就在這樣的時空背景下，這座寺廟的管理單位有一天突發奇想，認為現在既然保全業開始興盛，那廟裡何不也來聘任保全來維護秩序和安全呢？

於是他們就派人和我們公司接洽，我當下也親自去進行一番考察。

對於這座寺廟給我的印象，發現遊民們並不是集中分布，而是「遍地開花」，這裡躺幾個，那裡也躺幾個，放眼望去，到處都有遊民。而香客們白天因人潮眾多，比較不擔心遊民騷擾，反倒把這些當成特殊景觀。但是等到天色變黑，或不小心有人落單了，大家還是會對這些或躺或坐的遊民心生畏懼。

保全業的利潤，是以客戶應付薪資減去人力派遣成本來計算，那時候我仔細估算了一下，如果承接下這個案子，雖然所需人力比一般社區所需人力還多，但利潤也相對提高不少，算是個不錯的案子。於是我便決定接下這個挑戰，也因此有了後續的幾個故事。

堅壁清野，光復失土

這個專案和我之前承接的所有專案都不同，可以說是特別棘手的一個，甚至比我承接酒店保全還棘手許多。最大的原因，在於過往的每個案子中，我們都是處在被動的狀態，也就是說，我們只要守護住一個產業，保護這產業不受外力侵擾，如果沒有外力侵入，大家都可以相安無事。

包括酒店保全也是如此，我們的人員不會主動出擊，而是被動防禦。

但寺廟這邊可就不同了，因為這裡已經處在「被入侵」的狀態，並且人數甚多。別看這些遊民個個營養不良、瘦弱無力，但若以數量取勝，也是很驚人的。而且長久以來，他們已處於自暴自棄的狀態，連尊嚴都不顧了，可說整個人都豁出去了，這種人最為難纏可怕。

讓整體局勢更為嚴峻的是，遊民不但人數眾多，還有當地角頭撐腰。原來當年也正是黨外運動如火如荼興起的時候，黨外人士為了讓自己的聲音被聽見，往往會想辦法結合廣大的弱勢族群共同發聲。而這群沒有明天的遊民，代表的正是被城市邊緣化的弱勢，他們既可以成為黨外人士拉攏的戰力，還可以做為凸顯政府施政無能、民不聊生的狀態，加強他們攻擊政府的說服力。

於是這座寺廟不論內外，經常都是鬧哄哄的，不時有「民主戰車」從旁經過，大聲攻訐。遊民們則彷彿有了外力支援一般，更加的跋扈囂張。面對這種局面，我當下也思索很久，到底該怎麼做比較好呢？

對於這群遊民不可能用「文」的，若要跟他們好好談判，請他們不要再「占領」這座寺廟，這簡直是個笑話。甚至根本也沒有談判的對象，這群遊民各自為政，並沒有一個統合的領導。

如果要對這群遊民用「武」的，老實說，打群架除了不好看外，我們也不一定討得了好。雖然事態發展到後來還是變成群架，但至少當時我是想以「智謀」來化解。

那要怎麼做呢？平常愛讀歷史的我，想到了清朝的一段歷史。太平天國為患時期，當年清廷號召地方鄉勇，共同禦敵。在對抗敵軍時，創立湘軍的名將曾國藩採取了「堅壁清野」的策略，最終收復了被占領的失土，讓敵軍逐步消滅，最終太平天國滅亡。

所謂「堅壁清野」，簡單來說，就是先鞏固小範圍，再逐步擴大範圍。每鞏固一個地方，就守好那個地方，把周遭的田野收成，遮蔽物都去除，做好四周防衛，不讓人再度入侵。以這座寺廟來說，我們若把這裡當成一個戰場，必須清空這裡的遊民，那麼就得採取一次一塊收復法，一塊一塊地的堅壁清野，由內而外，逐步讓遊民退出這座寺廟。

於是我擬定戰略計畫，前一天遊民們仍囂張的在這裡恣意妄為，第二天他們就碰到了意想不到的情況。

★堅壁清野成功

戰略部署開始。前一晚，我們先和寺廟管理方講好，連夜就已經進駐，做好準備。我記得那時是冬天，清晨非常寒冷。我凌晨就集合整個保全團隊，告訴他們今天任務的重要性，當時我還引用了抗戰時期蔣委員長講的：「一寸山河一寸血。」我說：「大家今天務必要竭盡一切所能把這座寺廟守好，不惜犧牲一切代價。」

當然，我們不是軍隊，也不是真的要打仗，我只是希望承接這座寺廟保全的第一天，就可以真正讓遊民退出這塊空間，帶給香客真正安適的所在。當時我自己內心也是很緊張的，畢竟這是我投入保全產業以來，從未遇見過的狀況。

基於堅壁清野政策，我第一個守衛重點就是「大雄寶殿」，清晨我就已經把「兵力」部署在大雄寶殿四周。等到早晨四點這座寺廟門一開，如同過往般，一群早就等候在外頭的遊民蜂擁而入，紛紛尋找好位置，做為這天的休憩地。

然而他們完全沒有料到，平日讓他們隨心所欲要闖就闖的殿堂，今天一進去就被擋住！大雄寶殿已經站滿保全人員，我們採取溫和勸導的方式，告訴意圖進入的遊民，這裡今天有盛會，請勿進入，要休息請去其他地方，這裡是拜拜的所在，他們進來會干擾廟方。

由於這些遊民彼此都是各自為政，並沒有變成一個團體。所以遊民只要每來一個，保全就擋一個，被擋下來的人當下也不知如何反應，只好摸摸鼻子另覓他處。就這樣，第一天一「戰」成功（或者該說一「站」成功），我們首先「光復」了大雄寶殿。

接著依照我的堅壁清野計畫，我們一天一天擴展範圍，以大雄寶殿為基點，往外拓展戰線擴及走廊，由後往前慢慢推進。我們每前進一步，遊民就退守一步。直到讓他們整個退出寺廟，不再在光天化日下隨意在廟裡坐躺。

經由我們的這招堅壁清野，過沒幾天，寺廟的景觀漸漸變得不一樣，那些原本會騷擾遊客、有礙觀瞻的遊民，慢慢被趕至角落，我們初步任務達成。至此，我們才要開始執行保全任務，也就是保護這個地方，不要再被不受歡迎的人入侵。

然而遊民們平日在這裡早就為所欲為了，怎麼可能甘心就這樣被逐出呢？於是注定風雲再起，山雨欲來，衝突已是難免。

戰鬥開始

他們終於發現了我們的策略，被驅離的遊民不甘示弱，想要和我們對抗。

不過他們只是沒有組織的個別力量，除了抗議不滿外，並沒有策略性的作為。既然無法光明正大的對抗我們，他們就開始想辦法「來陰的」。保全人員雖有受過專業訓練，也都有基本的裝備，但人總有落單的時候，例如保全人員總要上廁所，有時候就會發生一個落單的保全，突然被幾個遊民包圍毆打的情況。既然雙方處在對立的狀態，這種情況就會一直持續，讓保全人員也都處在緊張的狀態下。

由於我們的業務拓展越來越快，我總是在總部忙著各種事情。一天，來自這座寺廟的保全人員跟我報告，又有保全同仁被打了，而且這樣的事發生好幾次了。那個保全憤恨不平，覺得這些遊民真的很囂張。

當時我聽到報告後，也覺得這樣的事不能繼續放任不管。剛巧那天幾個酒店的保全回公司討論事情，年輕氣盛的他們，便鼓吹著必須給這些遊民一些教訓才行，於是當下我們開了兩輛車前往這座寺廟。到了那裡，我問我們的保全人員打人的是誰？他們指著蹲在一旁地上一個矮矮小小的身軀，於是我朝他走了過去。

不知道是不是長期沒吃東西，這個人瘦弱到我一隻手就可抓著他的頸子將他一把拉起，就像是在抓小雞一樣。我問他：「是不是你帶頭毆打我們的人？」他嚇得一直搖頭說不是，當我正準備教訓他時，忽然四周一陣人影晃動，接著周遭飛來一堆拳頭，我的眼鏡當下噴飛。近視度數不淺的我，只見四周都是惡狠的身影。

身為保全老闆的我，幸好長期都有進行體力鍛鍊，甚至還曾經拜師學藝，功夫還算不錯。當下我雖然看不清楚，但先做好基本的防身動作，然後對著身旁的人影們，我揮拳也毫不客氣。由於我受過武術訓練，出拳比較快，力道也比較紮實，相信當時被我直接打中的人絕不會好受。

就這樣，當下一片混亂，我不斷揮拳攻擊身邊的人，在敵眾我寡的情況下，身子自然也挨了好幾下。就這樣，在一陣相互對打中，我後來被同仁們救了出來。

這時已有同仁把我的眼鏡找回來，同時我下了命令，叫同仁把我的木劍拿出來。當下我戴上眼鏡，站上一個高一點的臺子。此時四周的遊民圍了過來，一副要攻打山頭的包圍態勢，想要把我拿下。

木劍到手，我的眼光瞬間變得犀利。數十人包圍我一個，我持劍凜然屹立。

★一劍倚天寒

遊民們畢竟是沒有組織的一群，他們看到大家圍上去，有眾人撐腰，就一起圍了上來，但見到我持劍的姿態，倒也沒有人敢靠近。

廟裡此時仍是人來人往，有很多的香客往來，其中就有慈眉善目的義工媽媽跑過來勸架。她們看到我這麼一個戴眼鏡、穿西裝襯衫的中年老闆站在制高點，手裡拿著木劍，有模有樣的架式，著實驚人。當我的劍尖每劃到一個方向，那個方向的人就稍稍退縮，被我的氣勢所迫，但當我把劍尖移開時，他們又蠢蠢欲動了起來。一個個性比較衝的遊民拿起一個花架子當武器，對著我揮舞，我則引劍斜劈，把他的花架子「噹！」一聲打落在地。

此時義工媽媽跑到我們中間，要兩邊都放下武器，有話好好說。我本來聽到有人勸架，想說這裡既是佛門之地，在此鬥毆不太好，正想放下劍走下來時，沒想到我劍剛一放下，那群遊民立刻又蜂擁而上，我只好再次執起劍和他們對峙。

現在回想起來，那種情境就好像是在拍電影，只是當時的緊張程度，非當事人難以想像。

最後隨著圍觀的人群變多，遊民們也難以在眾目睽睽下逞凶，於是逐步退去，只剩七、八個遊民還留下來，站在那裡和我理論。其中一個遊民滿口鮮血，他大聲抗議是我把他的牙齒打斷，要我賠償。我想大概是我眼鏡被打掉胡亂揮拳時打到他的吧！無論如何，那也是他先攻擊我，我採取正當防衛才打到他的。

見他憤恨不平，本來不想理他準備離開的，他見我如此，忽然出手偷襲我，先是使一招「月下偷桃」，幸好我眼明手快立刻擋了下來。一招不成，接著又來一招「雙龍搶珠」，兩指往我臉上插，我又迅速把他架開。他見我反應那麼快，一再把他的攻擊化解掉，眼看是偷襲不成了，心中憤恨難平，竟然使用了一個我生平所僅見的特異招式。

他先是充滿怒火的看著我，然後口中往內吸氣，在我還來不及反應前，他狠狠的朝我臉上噴出一口血，噴得我滿臉、鏡片上都是血沫，原來這就是所謂的「含血噴人」。

原本在一旁靜觀的同事們，看到這個遊民如此偷襲，紛紛圍上來想要教訓他。就在此時，遊民們又開始暴動起來，其中一個遊民不知從哪拎來一把傘，猛力揮過來打到我旁邊的同事身上，整支傘柄都被打彎了，我同事也不甘示弱的打了回去。

此時遊民們從四面八方圍了過來，保全團隊們也群聚在一起，奮力要跟這群蠻力對抗。霎時間，整個這座寺廟又變成戰場，香客紛紛走避。

由於遊民的人數實在太多，我的一個同事，他是跆拳道兩段高手，但連他也寡不敵眾，被幾個人逼到牆角，左支右絀的，被打得很狼狽。我立刻飛奔救援，另一個遊民正揮拳要朝我同事的頭打下去，被我貼身逼近，我先抓住那人的領子，另一手又抓住第二個遊民，然後借力使力，我用力一帶，這兩個人被我拋飛，重摔在地上。

我仍不忘問同事：「你不是跆拳道兩段，怎麼打不過他們？」

只見同事說：「真的打架，不像道館訓練那樣，一打起來，你會發現到處都是拳頭，你再怎麼厲害，也敵不過七拳八腿啊！」

此時，我們看向廟宇廣場，現場一片混亂。不久後警方終於趕到，雙方才停止打鬥。一個警方代表叫保全負責人出來講清楚，於是我走上高臺準備講話，但才準備跟大家抱歉時，就又被拉了下來。他們說只要說句話有個交代就好，不必真的跟他們多說什麼。

今天這場混戰，一方是遊民，可能還牽涉到黨外勢力，警方不想讓局面搞太大，就當作普通打架喝止就好，此時圍觀的人才逐漸散去。

這就是我們在這座寺廟的第一次大戰。但我知道事情並未了結，未來的衝突勢不可免。

第二次大戰

既然有了第一次大戰，那就表示一定還會有第二次、第三次大戰。

其實我們是保全公司，是受寺方之託，負責維持寺廟安全的，並不是刻意要來和遊民對抗。但如果公權力不出來處理這些事，帶給民間社會不安定的種子，身為保全公司，為了保護客戶指定的場所以及來這裡的遊客，和遊民衝突就不可避免。

從那天以後，我們繼續堅守自己受命的要求，不准遊民在這裡隨意坐臥、侵擾香客。他們可以在這場地外面找地方休息，那非我們的權限。但一旦侵入這個空間，那就是不行。我們在執勤時盡量不要使用蠻力，以勸導為主，慢慢把他們的群聚地往外推。

但雙方經過前面擦槍走火的事件後，儼然已成敵對態勢，當時民主戰車還在一旁搧風點火，用擴音機喊著：「這群保全都是XX黨的走狗。」實在不明白，我們是受廟方委託的民間合法保全企業，跟政黨有何相干？但此時大家已經無法冷靜去看待這件事情了。

有一回，雙方又發生了衝突，過程中雙方都有動手打人，但遊民一方以哀兵政策到處訴苦，引來其他遊民群聚包圍這座寺廟，他們在外頭喊著：「XX黨走狗，限你們在下午三點前，把打人者交出來！」

由於遊民的人數實在太多了，當他們惡狠狠的把這座寺廟包圍起來時，我們的保全人員還是會感到害怕，便向總公司求救。身為保全公司老闆的我責無旁貸，不能讓員工陷在恐懼中。於是我又出馬了。

不過老實說，當時我心中並沒有那麼害怕，因為我知道這回遊民把事情鬧太大了，警方已經出動鎮暴部隊，就藏在後方廂房待命。於是我老神在在的帶著十二個公司員工，人手一支木劍，朝向遊民群走去。一上前他們就如餓狼撲虎般團團把我們幾個包圍住，個個目露凶光，一副想把我們生吞活剝的樣子。

這些遊民還不知道警方就在後面，只看到我們幾個人，心想現在上百人對十幾個人，一定要我們好看。我抓準這些遊民缺乏組織，人人為己的心理，想起「擒賊先擒王，射人先射馬」的戰術，這時我就用高亢的聲音，對著跟著我的十二個人喊話，我說：「大家不要怕，等一下跟著我動作，我說打誰，大家就全部跟著我打同一個人就對了，看誰想帶頭第一個來送死。」

我這一喊果然奏效。這批遊民個個看似對我們虎視眈眈，但大家卻都左顧右盼，沒有一個人敢帶頭。

我和十二個員工排成三角隊形，我站在三角形的頂端，用木劍朝前指，我說當我指誰時大家就打誰。當我這樣一說，每當我手上的劍指到哪裡，那個地方的人就嚇得直往後退。於是就看著一圈又一圈的遊民，卻只敢圍不敢打，我們這個三角形走到哪裡，那個圈就產生缺口。遊民邊退邊罵其他人膽小，但自己的腳步卻也不敢往前。

其實這所謂第二次這座寺廟大戰，場面雖然驚人，但幸好現場無人受傷，甚至也沒什麼短兵相接，場面甚至有點好笑。就這麼撐了一陣子，隨後有人耳語：「警察來啦！」就像是投了一顆石子在江心一樣，這個消息迅速散播開來，遊民的隊形也漸漸鬆散，外圍的人陸續離開。隨著人越走越少，在中間的遊民眼看情勢不妙，也一個個撤走。

就這樣，結束了這次有點像鬧劇的對峙。

歷史典故：擒賊擒王

西元前三四〇年，公孫鞅說動秦國國君嬴渠梁攻打魏國，魏國遂任命貴族魏印率領大軍抵禦，兩國兵團分別進入戰場，各就戰鬥位置。

公孫鞅派人送一封信給魏印，信上說：「從前，我在魏國首府安邑的時候，我們是好朋友，而今卻成了敵對的兩軍統帥，雖然是奉國君的嚴令，但我內心並不願掀起這場戰爭。我盼望跟你見面談談，用和平的手段，來解決兩國間的糾紛，然後舉杯痛飲，各自班師，使兩國人民都很平安。」

魏印認為合情合理，便親自出席會議。二人相見，把臂言歡，指天盟誓：兩國永為兄弟之國。可是等盟誓既畢，共同參加酒會時，就在盛大的宴席上，公孫鞅發動伏兵，生擒魏印，秦軍乘勢向魏軍攻擊，魏軍崩潰。

魏軍割出河西地區求和。河西險要既失，等於首府安邑完全暴露，只好遷都大梁。

魏罃嘆息說：「我恨不聽公叔痤的話。」

——內容引用自耿繼文《資治通鑑新解》

★最終一役

經過幾次類似這樣的對峙後，遊民不能越雷池一步。經過我們的整頓，中間也發生過幾場大大小小的「戰役」。整體來看，遊民可以說大部分都被我們驅趕出寺廟的範圍了。雖然遊民是多到趕不完的，但來這裡的遊客，都已明顯感受到這邊變得和以前不一樣了。

許多遊民選擇換到其他地方，當然也還是有死硬派的遊民，他們就是想賴在這裡。這種人靠著臉皮厚，想趕也趕不走，他們甚至認為：「怎樣，我就是不甩你們這些臭保全，你能奈我何？說不走就不走！」

但只要還是有遊民在，仍然帶給這個地方不平靜，於是我心想：「好吧！我還是要親自再來一次大掃蕩。」

某一天早晨四點多，當寺廟大門一開，我們持著木劍一字排開，朝湧進來的遊民衝過去，看到遊民就劈。他們受此驚嚇後，整批往後跑，像是火山爆發逃難似的。我帶著整群的保全同仁像潮水般衝過去，要他們不要再像地方之瘤一般，黏附在這裡了。

有些人可能嚇癱了，乾脆不跑了，就躺在地上不動，想看我們敢對他怎麼辦。

於是我拿起木劍，就朝他們的腿邊地上猛打，「碰！」的一聲他們嚇得跳起來，跑得比其他人都快，最後遊民們一溜煙閃得一個都不剩。

當然還是有些遊民不會善罷甘休的，當寺廟每天晚上大約九點、十點關門時，有的遊民會刻意躲在陰暗處，趁沒人發現時混進寺裡。但他的行蹤還是被人發現了，有人看到遊民混進寺裡，對我做了通報，我當晚就帶人去寺裡展開地毯式搜索。

遊民眼看躲不了，於是趕快翻牆往外跑，我們一群人也跟著追出去。當時已是夜幕低垂，我身上穿著西裝跟在後頭，眼角瞄到一群遊民從我後面湧過來，想要來聲援被我們追的遊民。此時我心裡一急，從西裝口袋掏出一把瓦斯槍。

這把槍並沒有具體殺傷力，是類似生存遊戲在射ＢＢ彈的槍，一般我們保全拿這種槍，主要是在社區內驅趕野狗野貓用的。此時深夜的光線不清，一群遊民只看見我從口袋裡掏出一把槍。大家動作非常快，全都立刻站好，雙手舉得高高的。

那樣的場景真的非常好笑，只是當時實在太緊張了，我也不敢大意，就拿著槍站在那指著他們，直到後來我的同事趕了過來，這群遊民也知難而退，各自鳥獸散。和遊民的戰役就這麼持續著，你們猜，最後誰贏了呢？

你們一定猜不到，最後退出的還是我們。我們當然不是被遊民趕走的，而是被廟方請走的。

原來這群遊民們自知打我們不過，又對我們恨之入骨，後來居然透過有力人士，組了一個類似自救會的組織，他們去找廟方談判，表明不希望再這樣對抗下去了，遊民說不會再來侵擾，但有個交換條件，就是要把我們公司換掉。

就這樣，我們被犧牲了，改由其他保全公司來做。這就是現實社會的現況，也算是人生的另一課了。

歷史典故：堅壁清野

在兩方對戰的時候，「堅壁清野」是一種讓勢力此消彼長的方式。如果把寺廟比喻成一個戰場，那麼我們和遊民不能共處，要讓對方退出，我們就要先占有陣地，並且不能夠讓對方回來。

東漢末年，在黃巾之亂平息後，曹操有了根據地充州。此時中原群雄並立，戰火處處，想要成就霸業，勢必得擴張勢力，於是曹操先攻打徐州。但顧此失彼，曹操一出兵攻下徐州時，張邈則聯合呂布趁機占領了充州大半，曹操僅剩三個城池，情勢大為緊急。

此時傳來徐州陶謙過世的消息。面對當前的強敵呂布，曹操想要放棄充州，直接攻下徐州。但軍師荀彧提出建言，說這樣作戰萬萬不可，荀彧建議，與其在還沒站穩陣腳前進攻其他城池，不如先站穩腳步，處理眼前敵人。

為什麼呢？因為同時間，他預測徐州一定採取堅壁清野政策，會事先把周邊的麥子收割，人民也都集中城內，對我們採取堅決抵抗。如果此時去攻徐州，無法產生立即成效，反倒隨著糧食耗盡，進退失據，面臨敗亡。與其如此，不如先堅守現有的城池，專心攻敵，穩固這方面的陣地，再取徐州。

果然，曹操將資源集中駐守的城池，專注兵力打下呂布後，先充分鞏固充州。此時徐州城因無人領導，也已呈現倦怠狀況，此刻曹操再回攻徐州，取得第二個據點。往後，曹操便採取這樣的策略，攻下一個地方後先充分鞏固，再往外拓展，終於逐步成為三國時期最大的勢力。

當年我們和遊民對立，採取先穩固基地，再逐步拓展戰果的方式，最終把遊民驅出這座寺廟，與這段歷史真像。至於後來我們的退出，那已是非戰之罪了。

第三部

江山宏圖——購併拓展篇

第五章　溫泉三劍客

一九九〇年代中期，我的事業開始站穩腳步，走出資金陰影，據點一個個拓展。那個時候，全臺灣的保全公司仍沒有幾家，許多經營者都和我一樣邊做邊學，人人想開拓事業，但是大家對這個行業也沒把握做大。於是那幾年有許多彼此互動的趣事，可以說是互相交流或是臭味相投。

那已是二十幾年前的往事了，在我創業初期，有兩個和我經常互動的哥兒們，我們三人號稱是「溫泉三劍客」，因為那時我們都各自經營保全產業，大夥聊得來，經常有事沒事就跑去泡溫泉，聊心事也聊商機，一聊就聊出一個個江山來。

他們每個人的故事，相信都足以構成一部精彩絕倫的電影，其中曲折離奇充滿高潮，也都在兩岸經歷過不同的風波。

時移事往，如今這兩個哥兒們都不在臺灣，我也很難再跟他們聚首，但永遠忘不了的，是那些年我們溫泉三劍客泡湯論劍的情景。每當一個人望著窗外，想起往事，就彷彿聽到他們豪邁的笑聲。

三無管理

我們三個曾經都是好朋友，現在雖較少聯繫，但每當想起陳年往事，仍讓我不覺莞爾一笑。在這溫泉三劍客裡，我算是比較沒有名氣的一個吧！他們兩人的名聲在當年都頗受兩岸關注，姑且就稱他們為議員大哥及阿維老弟吧！

議員大哥真的不簡單，不但在政界是個角色，在商場上也呼風喚雨，是響噹噹的一號人物。那時他經營的保全公司規模當然比我大，在他面前我總謙稱自己還有很多要向他學習的。

至於阿維老弟，雖然他只是公司總經理，但他本身也是保全產業的重量級人物，無意中發現他和我同鄉，彼此的長輩也多有互動，這更增添了彼此的親切感。

這兩人的個性南轅北轍，議員是豪邁帥氣，走路生風，有種大哥的味道；阿維老弟則是親和好相處，有點太過樂天派，許多事都是做了再說。我們三人的個性大不相同，卻意外談得來，經常湊在一起。

有一回我和阿維老弟聊天，聊著聊著他愛碎碎念的老毛病又犯了：「唉呀！我們那家公司問題一大堆喔！」

「是哦！怎樣的問題啊？」對於這種同業的機密，我是絕對感到好奇的。

「還不是我們老闆！」

說起阿維老弟擔任總經理的那家保全公司，規模比我的公司還大一些。但已經不只一次聽到阿維老弟抱怨，這個老闆似乎不擅經營。仔細探究，其實不是不擅經營，而是沒有心經營。

他們公司的老闆，與其說喜歡保全事業，不如說是把這當成一個投資標的，當初他投資了60％資金，並且找了其他股東們出資40％。公司設立後，因為當時臺灣的保全市場剛興起，經營得也還算差強人意。

然而每當一有獲利時，錢總是難以進到股東們的口袋，因為這位老闆每次都會找各種理由幫公司「消化盈餘」，今年有獲利了，剛好幫員工和自己加薪，明年有獲利了，又說要增加什麼設備。由於老闆擁有絕對多數的股權，每次開會都是他說了算，讓其他股東既生氣又無奈。由於老闆和股東不合，當時又傳聞公司獲利不佳，老闆更無心經營了。因此，他們公司要賣不是傳言，而是確有其事。

於是我就開始心癢了，我正想拓展我的事業呢！若是能買下這家公司也不錯。但人家說這家保全公司經營不佳啊！畢竟我也是經驗豐富了，不會說買就買，總要拿起計算機好好算一算。若阿維老弟提供的資訊無誤，那麼這家公司讓我來經營是可以賺錢的。

怎麼說呢？同樣的企業，我覺得我可以獲利，那是因為我的管理方式是所謂**「三無管理」**：**沒幹部**、**沒會議**、**沒公文**。當然，公司經營不可能不需要幹部，更不可能不開會，也不會不跑公文。但我要強調的是，我的經營上採精兵制，幹部能少就少，公司決策我來就好。少了幹部，自然會議就少，同時也不會有太多的公文，畢竟，老闆說了算，沒必要公文簽來簽去的浪費時間。

我的人力精簡，作業方式業也有效率，因此這家公司若是交由我來經營，我相信是可以獲利的。想一想，當在爭取一個標案時，怎樣的公司會勝出呢？自然是報價較低的公司勝出，而當我的公司營運可以以較少的成本達到一樣的成果，那我當然會得標啦！因此我真的很有把握，用我的「三無管理」，可以讓原本獲利不佳的公司再造新局。

就這樣，我更加心動了。這家公司既然想賣，那就讓我來把你的事業發揚光大吧！於是我和阿維老弟表明我想買下他們公司，既然一方要賣，一方要買，雙方一拍即合，那就等著簽約吧！

當然事情沒那麼簡單，因為半途殺出一個程咬金，那個人不是別人，正是我們「溫泉三劍客」裡的議員大哥。

每月三十萬的承諾

說起來，這個阿維老弟還真是有夠多嘴，議員大哥為何會在此刻出現呢？當然是阿維老弟口風不緊，放消息給他的。

「什麼？有好康的事竟然不讓我知道？」我前一天才剛跟阿維老弟說想要買下他們公司，隔天議員大哥就跑來找我了。

老實說，議員大哥來找我也剛好，因為我碰到了一個棘手的問題，那就是——我其實沒多餘的錢買。

開什麼玩笑！跟人家說要買下他們公司，結果卻沒有資金？但我那時候真的很想擴大經營，而且我認為我可以讓這家公司獲利。於是我想到了一個方法，這方法也是之後我購併其他公司常用的招式，那就是「分期付款」。這一招對現代人來說沒什麼了不起的，反正平常刷信用卡也常會用到分期付款。但這招在當時的保全業界卻是首次出現，之後其他業者也把我這招學了去，當然那是後話了。

當初我除了告訴阿維老弟我想買下他們公司，也告訴他我會採取分期付款的方式。當時我計算過，他們公司如果在我經營下，每月盈餘三十萬以上應該沒問題，那麼，我就以每個月分期付款付三十萬的方式，逐月攤提購併成本，等到購併資金還清，接著就是淨獲利了。只是沒想到，阿維老弟也把我的這套想法，一五一十的透露給議員大哥。於是議員大哥就來找我說：「金X要賣，人人有機會。富榮老弟，你可不要獨享啊！」

就這樣，於是決定權交給了他們公司老闆。那時議員大哥不僅公司規模比我大，他的政商影響力更是我所不能企及的，我只有兩個優勢：第一就是這購併案是我先提的，第二是我和他們老闆同樣是基督徒。然而結果很快就出來了，果真勢力大的才是老大，金X公司決定要賣給議員大哥了。

好吧！賣給他就賣給他吧！我只好黯然退出。只是沒想到當這個議員大哥順利買到手之後，反而內心開始浮起一堆疑惑，他又感到不安了，覺得這家公司真的經營得起來嗎？

他提議：「這樣好了，乾脆我們溫泉三劍客一起經營好不好？」議員大哥把我們找來，提出這樣的構想。金X公司，三人各出三分之一，好兄弟一起擁有，共同打拚。他說得很豪邁，我心裡也想，好吧！就一起經營吧！於是便當場白紙黑字的簽約了。

但說實在的，這個議員大哥的不安全感還真重，隔沒多久他又想到，三個人分屬三家公司這樣簽太亂了，不如還是由議員大哥所屬的保全公司做為買方，我和阿維老弟都入股他的公司吧！我和阿維老弟也都同意了。

但再隔了一段時間，議員大哥又想改內容了。阿維老弟的個性比較隨和，他每次都說：「好啦好啦！大哥怎麼說，我就怎麼配合唄！」

但我可沒那麼好說話了：「改改改！這樣煩不煩啊！如果下次要再改合約，改約者要罰款一百萬。」

當下議員大哥也笑笑著說：「好啊！沒問題。」

沒想到隔沒多久，他還真的又要改合約了。這次換我冷笑說：「好啊！你又要改合約，隨便你！一百萬先提交上來再說。」

沒想到議員故作無辜狀，說：「什麼一百萬？有這件事嗎？」

「有啊！我們翻合約看看。」結果一陣東翻西找，還真的沒有這一條。這個老奸巨猾的議員大哥，竟然不知什麼時候把這條合約內容刪了，當時我們都沒察覺還繼續簽約，中了他的計。

好吧！要改合約就改合約吧！但我內心已經覺得這個案子很沒意思了，不想再陪他玩下去，於是我直接表明要退出。沒想到議員大哥一口就同意了，我想可能是我們經營的一段日子來，他覺得這家公司已經穩定了，也不需要我們的合作了。

於是我們當下談妥條件。由於大家都是哥兒們，我就說：「這段日子來，我陸續投資的金額是兩百七十萬，現在我把股份賣回給你，你自己看要再加多少給我，大哥你作主吧！」

當時我只是說說，也沒預期他會給我很多，心想只要能拿回本錢，頂多再多拿一些些零頭就好。沒想到議員就是議員，出手還真是阿莎力，他當下直接說：「這樣吧！除了兩百七十萬，我再額外給你一千萬，你就退出吧！」

我當時聽了，忍住一口快要噴出來的茶，假裝不在意，內心其實暗爽著，我竟然就這樣賺了一千萬，於是我們就這樣成交。這一千萬當然也不是一口氣給我，議員大哥承諾，每個月會支付我三十萬，直到付清要給我的這筆錢為止。

於是那天我退出了金X保全的經營權，拿回厚厚一疊大約三百多張的本票，這些本票需要每月兌現的。

一開始我的員工還揶揄我：「老闆啊！你當初意氣風發的說要購併這家公司，怎麼沒購併成，卻拿回這一疊厚厚的紙啊！」

當時我自己想想也有點沮喪，畢竟我原本是要經營一家新公司的。然而隨著時間一天天過去，當初笑我的人都改為稱讚我高明了。我不需做什麼，每個月就有一筆三十萬準時入帳，當初投資的本錢早就回來了，還陸續收到每個月三十萬進來。

乃至於到後來，我聽到朋友跟我說了一個笑話，原來議員大哥當初生意做得火紅，花錢闊綽，但後來理財出現危機，資金壓力較大，他應付很多款項都焦頭爛額了，想到還要每個月付給我三十萬，不禁對身邊的人抱怨：「這個吳富榮啊！又不是我的兒子，為什麼我每個月要付給他三十萬，真是氣死我了！」

我聽了也感到好笑。但笑歸笑，到後來，議員大哥還真的付不出那三十萬了。不知哪個月開始，本票就不再兌現。我知道議員大哥當時的情況，也不特別去催款，反正我本錢和獲利都賺夠了，其餘的也不強求，就把剩下還沒兌現的本票都放在保險金庫裡。

直到隔年，有一天我自己的房子因為被檢舉違建，中間有些麻煩的事，我商請議員代為溝通協調，最後獲得更好的解決方法，可以不用被拆，而採取改善的方式。為此，我當然要感謝議員的幫忙囉！

怎麼感謝？相信聰明的你一定已經猜到，我當時就打開保險金庫，當場拿出那一疊議員簽給我的本票撕掉，他看了就大嘆一聲：「這樣還差不多！」

這件購併案，至此也算是皆大歡喜了。

★買下賓X保全

那一陣子我心裡經常想著要拓展事業，於是就會經常留意是否有公司要轉讓的訊息。臺灣的保全公司就那麼幾家，說真的，要剛好知道有哪家老闆經營不善想轉手也不容易。況且如果真的是經營不善，我也不一定很想接，所以心中雖常想著要拓展版圖，但合適的機會並不多。

但這天我去泡溫泉的時候，卻讓我「偷聽」到一個商機了。有一家保全公司想轉讓，並且還是赫赫有名的賓X保全呢！當下一聽我就怦然心動了。

我當晚就很想打電話去求證，不過還是忍到隔天上班時間，立刻撥了通電話給他們公司老闆，劈頭就問他們是不是公司有轉讓的打算？

對方一聽當下不掩飾怒氣的回我：「你去哪聽來的？沒這回事！」

他生氣的原因，一方面公司要賣這種事算是機密，竟然讓我這個外人知道了；二方面，當時我的公司規模還不大，他們公司的規模甚至還大過我。一家規模比他們小的公司竟然表明想買下他們，老闆當然很生氣。

這通電話對方雖然掛斷了，但我並沒有因此放棄希望。當一個想拓展版圖的信念種子在我心中種下，我是不會輕易放棄的。

我知道這家保全公司轉手的第一選擇就是我的溫泉三劍客——議員大哥。他的開價是六千萬，但當時議員大哥因為各種投資失利，我很清楚他沒那麼多的資金一次買下來。但他沒錢我就有錢嗎？我的資金還比議員大哥還少呢！但我還是用我那招「分期付款法」。這家公司不想賣給我沒關係，我可以等。

就這樣，我耐著性子等，我知道議員大哥提出的條件是以股份交換，但對方急著要現金，怎麼可能同意這樣的條件？因此雙方一直談不攏。一等再等，他們老闆在無可奈何的情況下，終於答應讓我去談談，我這才有機會進到賓X保全，他們親自拿財報給我看。

當下我計算機算一算，以獲利來說，若以我的經營方式，裁掉大量業務員及技術員，採取「三無管理」政策，我認為每個月可獲利約一百七十萬元。這次的交易只須先付兩千萬的頭款，加上他們原本就有些已收款項到時也會轉給我，其餘尾款若以每個月一百七十萬攤提，大約一年半就可以還完，我覺得可行，於是當天就付了五百萬訂金。

回到家後，老婆大人知道這件事就當場生氣了。她自然要生氣，因為頭期款要付兩千萬，我並沒有那麼多錢啊！但我心知這筆生意是可以獲利的，只是錢要哪裡來？我跟老婆說：「有看過三國演義吧！有個孔明草船借箭的故事，我們現在沒資金，但有人有啊！我們去借箭吧！」

我立刻準備了一份美美的企畫書，條列若投資這家保全公司可以獲利多少錢，然後去拜訪我幾個有些閒錢的朋友，把企畫書一攤，告訴他們這個穩賺不賠的生意。朋友們都知道我的保全事業是從無到有，至今公司雖不是很大，但也有一定的獲利，他們相信我的判斷，當下就有人願意投資。

但錢仍不夠。一般企業缺錢時會向銀行申請貸款，但保全產業在當年是無法借貸的。因為這個產業才剛開始發展，在大眾印象裡，保全產業就是警衛，就是看門的，和清潔公司一樣不算「高尚」行業，不是銀行願意借錢的對象。

幸好當時我一個好朋友，也是我的老同鄉，擔任某家銀行的經理，他對我捶胸膛說：「看我的！」於是主動幫我去找財源。就這樣，透過他的幫忙，加上我自己的資金和幾個朋友的資金，終於湊足作為訂金的兩千萬，準備買下賓X保全。

如同當初的協議，我和對方老闆簽約，並依約付款取得公司經營權後，依照我的「三無管理」，第一個月也真的營收獲利一百七十萬元。我和朋友們都很開心，認為一切沒問題，我們找到好的投資了。

只是沒想到，麻煩才要開始，問題大條了。

狗急跳牆，反撲失算

正當大家歡天喜地，充滿願景經營這家公司時，才第二個月就出問題了。原本我採取的是「三無管理」，透過降低人事成本的方式來增加公司利潤，同時我也在汽車用油等各方面做出適當的規畫，總之每月花費比從前經營者少很多。但問題是那些被裁員的人可就都笑不出來了。他們選擇的作法，就是跑到對手陣營去。

這些被裁員的人，本身業務能力並不夠強，但是為了能替新公司帶來業績，於是開始挖舊東家的牆腳。

就這樣，那些被裁員的人，開發新客戶能力不行，但從舊公司挖客戶倒還挺有「辦法」的。畢竟他們本來就認識這些客戶了，於是他們到處放話：「賓X保全經營出危機囉！公司快倒囉！否則為何走掉那麼一大批人？」

許多客戶聽了也覺得有道理，產生了危機意識。於是，我們的客戶開始一家一家流失。

這是我們當初沒有預料到的狀況，我想得太天真了，竟然讓這種事發生？身為經營者的我該怎麼辦呢？客戶擔心這家公司會倒，我就用實際行動證明，公司經營得很好。為此，我又招募了一批新進人員，也在保全系統上面做了加強。當客戶越緊張的時候，我們就用更好的服務讓他們安心。

然而客戶安心了，我們卻也逐漸感到心驚膽跳。保全的實力固然提升了，但這自然不是免費的，原本每個月預計的一百七十萬獲利，現在必須投注在公司系統的提升方面，為了和挖牆腳的勢力對抗，每個月都要戰戰兢兢經營。於是獲利變少，但每月仍要支付分期付款一百七十萬給原本的老闆，這下子壓力可就大了。

為了填補這個洞，只好從我自己的母公司調動資金。搞到後來，新接手的公司只能勉強維持住經營，但母公司卻逐漸失血，已經又到了危急存亡的地步。同時間，當初信任我、願意投資一筆錢在新公司以為可以長期獲利的朋友們也對我提出質疑，甚至有股東吵著要退股。

在這樣壓力重重、內外交逼的情勢下，我必須進入危機處理模式。我第一個想到的，當然就是「溫泉三劍客」的原班人馬囉！首先，我先找來阿維老弟。

原本阿維老弟也經常到我那邊走動，一方面聊天，一方面他也在探詢情報。那天他又來我這邊喝茶了，我刻意把一張預先準備好的公司損益表不經意的擺在辦公桌上，假裝忘了有那張紙放那邊。阿維老弟注意到了，但當場不方便說要看，只是他已心癢難搔。

接著我藉機說要上廁所，果然，我前腳一踏出辦公室，他立刻就衝去拿起那張損益報表，一看，哇！想不到原來賓X保全每個月有那麼多收益！「這種好康的事怎不跟老弟我講！」我上完廁所一回辦公室，他就過來跟我抗議了。

我當下表情很為難，跟他說：「我不知道你對投資這個也有興趣。不然這樣吧！我去商量看看有沒有股東要出讓吧！」

就這樣，阿維老弟興高采烈的加入了賓X保全的營運股東行列。當後來我把經營困難的實情跟他說時，他當下可是暴跳如雷，但我說：「我當初並沒主動邀你加入啊！是你自己跟我說要加入的。」

當阿維老弟正懊惱時，我跟他說：「別慌，我還有下一招。」

阿維老弟急問，你還有哪一招？我說：「本山人自有妙計，這回我們再去找我們的好兄弟——議員大哥吧！」

★連橫破合縱

保全這個產業逐步發展，漸漸拓展到許多不同的範疇。從最早的系統保全，到後來以人力派遣為主的警衛保全、社區保全、專案駐地保全，以及後來轉型為物業管理為主力的保全等等。同樣是保全，但經營性質不同。當時我們公司的主力是人力派遣，相較來說，營運系統保全比較吃力，但如果本身就是以系統保全為主力的公司，再承接另一家系統保全公司就會比較順手。

就是以這樣的角度，我當時想到有兩家公司會有興趣承接賓X保全，一家就是我那個議員大哥開的公司，另一家則是由董先生創立，當時也是很大的保全公司。以他們的經營情況來說，原本他們的主力就是系統保全公司，擁有一定的基礎設備，好比說，當針對一個區域巡邏時，原本需要五輛巡邏車，現在若承接另一家保全公司，用原本的那五輛車還是可以照顧到那個區域，頂多再派加一輛車服務就可以了，這樣就可以創造很大的利益。

就是以這樣的角度，我相信賓X保全轉賣案，這兩家公司應該都會有興趣，加上我和阿維老弟兩人聯合用三寸不爛之舌，極力吹捧這家公司的獲利願景，果然這兩家公司一聽到我要轉讓的消息都表達高度興趣。

然而，這兩個人相較之下，董先生是非常會計算的，他若要買，不打算全給現金，而是希望以股份搭配多種組合方式，這種方式我比較不喜歡。至於議員大哥，則一方面想買，一方面又心中多疑，總是處在捉摸不定狀態。

此時的狀況是，買方不急，但我和阿維老弟可急得要命。畢竟每過一個月，我們就又多失血一些。後來更有壞消息傳來，原來這兩個準買方，議員大哥和董先生已經聯合起來，私下合議按兵不動。他們的打算是這家公司大概快撐不下去了，等它倒了再去承接。

當此危急情況，我想起了戰國時代的「合縱連橫」策略。如果說議員大哥和董先生採取的是當年蘇秦的「合縱政策」，那麼我何不來學學張儀先生，採用「連橫政策」呢？反正事已至此，不搞點計謀是不行的。

既然主意已定，於是我就採取各個擊破作法。首先我去拜訪董先生，之前他因為付款條件我不喜歡，因而遲遲無法決定。我這次去找他談判，跟他表明，其實我一直很欣賞他的為人，告訴他：「既然董先生這麼想要擁有賓X保全，那好吧！我就依你的條件賣給你。」

董先生一聽我願意照他條件賣給他，非常的欣喜，但他又怕我反悔，於是就跟我約定不准反悔！我就說：「如果反悔，我就付給你五百萬當作違約金！」我們並且當場立約為證。

當我和董先生一簽完約，第二天我就跑去找議員大哥，跟他說：「大哥啊！你被老董耍了，我已經把賓X保全賣給董先生了。」

議員大哥一聽到這，當場暴跳如雷，怎麼當初說好共同行動，現在他卻暗中出手買下了呢？他對我說：「不行！輸人不輸陣，輸陣歹看面，不要賣給他，你賣給我。」

但我說：「我已賣給董先生，並且跟他簽約了。」

議員大哥說：「不行！你要賣給我。好吧！他出多少錢，我就加碼一千萬買下來。」

前一天我和董先生簽約，說好的違約金是五百萬，如今議員大哥答應和我簽約的金額要加碼一千萬，所以就算扣掉違約金，我還倒賺五百萬呢！

就這樣，我立刻又跑去找董先生，直接跟他說，我後來還是決定把公司賣給議員大哥。此時換董先生震怒了，他說：「我們都已簽約，你怎可反悔？」

但我說，我會依約付給他五百萬元違約金。後來他仍不依，堅持提告，然而律師阻擋了他，律師跟他分析：「吳董已經跟你約定若不遵守合約會付違約金，如果當時沒這個條款，或許還告得成，但如今你自己設立了違約條款，他只要照約定付款，就不違法。」

訴訟的事董先生只得作罷，但他的心可是五味雜陳呢！畢竟很少有人同時能夠內心既快樂又怨恨。快樂的是，他什麼事都不用做，只靠一紙約定，三天就賺到了五百萬。怨恨的是，我將了他一軍，他做的買賣做不成，反倒讓我有機會把保全公司賣出去。

抱著這樣複雜的心情，董先生去酒店解悶時，總是內心不吐不快，對眾家酒店小姐講了他的委屈。小姐問他怎麼了，他就說：「唉啊！你們不知道啊！我三天內就平白賺到了五百萬！」

「這是好事啊！那為何鬱悶呢？」

「一言難盡啊……」

這件事後來傳開來後，還變成了酒店之間的傳奇。

直到事過境遷後，有一天董先生找我去喝酒，當下，董先生指著我說：「你們看！就是這位吳董，三天內讓我賺五百萬！」

接著小姐們頓時睜大眼睛，全都圍到我身邊來，對我敬酒百般奉承，當然，那天的豔福自不在話下。

真沒想到這次的「連橫破合縱」計謀成功，還締造了一次傳奇呢！

壯士斷腕，棄車保帥

賓X保全的故事，還沒有結束。

話說，當時透過連橫怪招，我讓議員大哥決定買下了這家公司，但其實我們也都知道，雖然過往議員大哥曾經叱吒風雲一時，但到了這個時候，他的實力已經大不如前了。

自己的幾次投資失利，加上他的家人也在投資其他事業，需要大量開銷，東一筆支出，西一筆支出，議員大哥並沒有表面上那麼風光。

對於這筆交易，他也是採取當年我創造的「分期付款」法，只不過這回可不是每月三十萬這樣的小數目，他要支付我上億元，分期付款，每期的金額是二、三百萬元，很驚人的。

他的財務壓力越來越大，我也有所耳聞，但只能乾著急，不能替他做些什麼。後來他似乎真的撐不太下去了，於是選擇把賓X保全又轉賣給另一家公司。

這也算是我的失策，當初我和議員大哥簽約時，並沒有預想到這件事，我沒想到他會再把公司轉賣出去，當時應該要約定好，要等到把應付給我的錢還清才能轉賣。如今他要轉賣，無疑增添了他還債的變數。而且就我所知道的情況是，議員大哥這回的轉賣條件沒那麼簡單。對方並不打算照單全收，相反的，那家公司的作法是要針對每個客戶一一過濾盤點，必須他們覺得是好客戶才接收下來，否則就不予接收。

有的接收、有的不接收，這怎麼搞？於是就有了漫長的談判手續。在一家家洽商的過程中，他們會問原本的客戶要不要長期合作，要的話就一次簽三年約，願意簽的就是好客戶，不簽的就列入壞客戶。

可想而知，這樣的動作搞得客戶們怨聲載道，讓整個經營更加焦頭爛額。如果一個客戶選擇不要簽三年，那還要不要繼續服務下去？該怎麼服務？凡此種種，都讓這次的交易變成一團泥沼般的混亂，大家卡在那裡動彈不得。

關於這一切，我都看在眼裡。

隨著日子一天天過去，儘管這時候議員大哥每個月仍依約定支付一張張的本票給我，但離債款還清仍遙遙無期，當時我手中未到期的本票金額高達九千多萬。

當時我透過內幕消息，獲知某一天議員大哥因為生意結算，有一筆三千六百萬的現金進帳。

於是，當下我做了一個令每個人都感到驚訝的決定。

我跟議員大哥約了一天直接過去拜訪他，並且開宗明義就對他說：「今天我要來談讓你大賺一筆的生意。」

「哦！怎麼說？」議員大哥頓時感到很大的興趣。

我就直接說了：「我決定用我手中這疊價值九千萬的本票，換你手中三千六百萬的現金。」

聽到我這句話後，議員大哥既好奇又有點不愉快：「怎麼回事？你為何要這樣做？」

我講話也不迂迴，直接跟他表達：「我認為你的公司會倒。」

聽到我這樣說，議員大哥當然很不高興：「什麼？你就這樣看衰我嗎？」

看到他滿臉漲紅，快要發飆了，我立時點醒他：「議員大哥，這件事怎麼看你都不吃虧啊！」

「怎麼說？」

「如果我賭錯了，那議員大哥你就真的賺到了，你看，你現賺六千多萬耶！天底下有這種好事嗎？」

「想想也對。省了六千多萬，我幹嘛生氣？」

「那如果我不換，而公司真的倒了呢？」議員大哥接著問。

我說：「那我就會去議會拉白布條抗議啊！唉！這樣總是傷感情啦！」

他大大讚賞我說：「這樣才算談判高手，有夠殺！好！我跟你換了。」

事態的發展一如我預料，甚至比我想像得還快。我本來預估他可能撐到隔年三月，但沒想到他的公司當年九月就倒了。還好我採取壯士斷腕的策略，已經換到一筆現金。

表面上我這個決定讓我損失了六千多萬，但論實際獲得，我當時從議員大哥那裡陸續拿到的錢，加上最後那筆三千六百萬，我已經賺了幾千萬，不該再有什麼奢求。而如果我當時沒做那個決定，那些本票肯定立刻就變成廢紙，那麼，我可能就血本無歸了。

事後我聽聞，議員大哥每當喝醉酒聊起往事時，一聊到這件事就不禁舉起大拇指稱讚：「這個吳富榮啊！膽識夠，是號人物。」

的確，現代人有多少人在關鍵時刻肯下這種決心，一刀砍掉六千多萬呢？這件事如今已經是保全業界的傳奇，當年若是沒下那個決定，公司後續發展會如何，還在未知之天。

經營事業，關鍵時刻，壯士斷腕的決策很重要，臨場點中要害更是不可缺的一環，我想這是一個代表案例。

歷史典故：說中要害

西元五四八年，春季正月七日，東魏（鮮卑）慕容紹宗指揮精銳騎兵五千人，夾攻據守渦陽（安徽蒙城縣）叛逃到南梁的東魏將領侯景。侯景欺騙他一起到南梁的部眾說：「你們的家屬已被高澄（東魏最高統帥）屠殺！」

部眾相信，慕容紹宗在陣前遙遙呼喊：「各位的家屬全部完整，你們如果回歸，官位功勳，原封不動。」

說罷，摘下頭盔，披散頭髮，面向北斗，發誓他說的話句句真實。侯景的部眾本來就不高興南下，於是將領暴顯等，各率他們的軍隊向慕容紹宗投降，侯景兵團霎時崩潰，拚命北奔，回歸東魏。

侯景率心腹將領，騎馬從硤石渡淮河南下，收容逃亡無主的殘兵敗將，好不容易集結步騎兵八百人，繼續前進，經過一個小城，城中人在城牆上詬罵說：「瘸子（侯景右腿稍短），你打算做什麼？」

侯景大怒，攻陷小城，誅殺詬罵他的人，然後離去，日夜不停行軍。東魏帝國追兵繼續追捕侯景，侯景派人告訴慕容紹宗說：「我如果被消滅，你還有什麼用處？」慕容紹宗遂讓侯景逃走。

——內容引用自耿繼文《資治通鑑新解》

在我與議員的談判中，我也說中要害：

1. 既然自認不會倒，為何不願三千六百萬換九千萬？
2. 如果真的倒了，我會去議會拉白布條。

溫泉三劍客，當年發生的事很多。但隨著時間過去，他們兩人因為不同原因，後來都轉往大陸發展。

★議員流落異鄉

先來說說議員大哥的後續吧！議員大哥的財務出現狀況後，又面臨諸多起訴訟案件，最後臺灣混不下去了，只得潛逃出境。當年在報紙上他還是個名人，不是因為擔任議員，而是因為他名列十大通緝犯之一，這下子他更不能回臺灣了。

但畢竟他是個有本事的人，懂得拉關係建立人脈，後來在大陸混出個小小名堂，甚至參與了兩岸間的往來事務。早年兩岸比較封閉的時候，他也曾「立過功」，讓一些當時無法上得了檯面的事，透過他私下運作。認真來說，他可能還對兩岸交流有一些貢獻呢！

但被通緝畢竟是事實，他雖隱姓埋名用另一個身分在大陸行走，但有一次還是被舉報出來，當下被不明就裡的公安逮著，送到機場準備遣返回臺，連新聞都報導出來了。就在危急關頭，他請求打一通電話，結果公安上級馬上來電通知放人。而原本臺灣這邊已經派警方到大陸準備接人，但臺灣警方趕到機場的時候卻無人可接。他們問為何沒有人，大陸方面的回應是：「不好意思，抓錯人了。」

關於議員大哥的故事還有很多，他也是個傳奇人物吧！不論評價如何，畢竟他也曾創造許多風雲事蹟，當然，那已不在我的故事範圍了。

老弟到大陸發展保全事業

接著來談談阿維老弟吧！溫泉三劍客的這位老弟，個性最樂天，很多事他都有「參一腳」，有時候像是少根筋，但最終總是以喜劇收場。

話說經過幾次的保全公司購併，當年三人一起合資收購金X保全時，我後來選擇退出，但他仍留下來擔任總經理，但隨著公司變遷，他之後也離開公司。他不像我和議員大哥本身是創業當老闆，他離開保全公司後，就代表失業的意思。

還好他的專業還在，並且當時投資賓X保全的過程中，我的策略也讓他賺了一筆。這使得每次我去他家時，他的家人總是對我不斷稱謝，滿口「恩公恩公」的。

不論如何，就算有點錢，還是要工作啊！況且在離開保全公司後，阿維老弟不擅投資又到處投資，賠了不少錢，所以他也有生涯發展的困擾。

就在這個時候，大陸有一家保全公司想邀請他過去擔任總經理。這麼好的事他當然很高興，但心中不免有些怕怕的，於是邀我陪他去探一下究竟。

後來才知道，原來那家保全公司是臺灣人開的，背後有黑道背景。當時在大陸根本沒有保全這個行業，只有保安，而保安工作是特許的，不是任何商人都能做。那家所謂的保全公司，其實只是掛羊頭賣狗肉，是一家物業管理顧問公司，做的事跟臺灣的保全定義不同。而一群有黑道背景的人也不懂如何經營，於是想找有經驗的人過去主持，於是相中了曾在保全公司當總經理的阿維老弟。

我和他一起前往時，一到機場，那個排場簡直把我們當成國賓一般，不但有加長的禮車，還有前導車護衛。一到公司後，更是一群人畢恭畢敬的迎接，讓我們有種錯覺，以為自己是山口組大哥。在那個年代，中國的經濟還沒發展起來，在他們眼中，臺灣人還是「富貴」的代名詞，很多時候，臺灣人在那邊可以呼風喚雨。保全公司的人招待我們去酒店，在那裡耍盡威風，甚至我們上廁所時，所有外人還必須「迴避」，整間廁所只准我們兩個人使用，外頭還有保鑣站崗。

但越是搞排場，我就越感到不對勁。實際了解，這家公司根本不會經營，每個月燒錢，再燒下去恐怕就要倒閉了。我看出不對，便善意的跟阿維老弟說：「這裡絕對不要來！」

不料這個阿維老弟還真是天兵一個，當第二天黑道大哥問起他是否可以來接任總經理時，阿維老弟竟然傻傻的直接跟對方說：「可是跟我一起來的那個吳董，他建議我不要來！」

天啊！這豈不是把我害慘了！我覺得自己快把小命斷送在這裡了，還好後來我幸運飛回臺北。我不斷好意勸他，絕對不要跟他們扯上關係，但阿維老弟仍執迷不悟，他覺得在大陸發展也不錯，後來還是禁不起大陸那邊的邀約，匯了三百萬過去「投資」，也決定去接任總經理。

最終我給他的建議是：「好吧！你要去就去，但請記得，他們後續會說有資金問題要你周轉什麼的，你不要陷進去。」

儘管言猶在耳，過沒多久真的發生這樣的事時，他仍陷進去了，向親友借了不少錢，甚至還打國際電話向我求援，然而當時的我也愛莫能助。

隨著那家保全公司經營的錢坑越來越大，原本資金都已燒光，那些走路有風的大哥及小弟們也風光不在。只是他們積習難改，去酒店時還是喜歡耍派頭，但時不我予，大家早已不再崇敬他們了，他們也不再像以前那麼吃得開了。

有一次喝酒時，跟鄰桌的客人起衝突，最後竟演變成全武行，一陣打殺之中，有人見紅，隨後公安趕到，保全公司的負責人也被逮捕入監。原本還寄望臺灣這邊的老大能出面營救，但鞭長莫及，且為時已晚，後來這家保全公司的大哥就被關進了監牢。

樂天的阿維老弟竟以為是他「大展身手」的時候到了，搞不清楚狀況的他，還想要「大刀闊斧」改革公司，而第一個改革的，就是去除掉大哥底下小老婆的職位。我當時在臺灣打國際電話慎重勸告他，誰都可以惹，但千萬不要惹到大哥的女人，只是阿維老弟根本就聽不進去，執意要「改革」。

結果呢？大哥雖然被關，但又不是殺死人的重罪，關幾個月就出來了。當他一聽到自己的小老婆被「開除」後，他的怒氣當然要爆發了，當下和「總經理」槓上，阿維老弟立即被解除所有職權。當下他還不服氣，想賴著不走。他說：「反正我賴在宿舍白吃白喝，看你能奈我何？」當時我在臺灣只得再次苦口婆心的勸他，千萬不要輕忽這件事，黑道不會讓他有好日子過的，還是趕快回來吧！

果然，不久後就有黑道來威脅他，要他午夜前消失。阿維老弟嚇得趕緊帶著家人連夜逃離。那時，正是下雨的冬天，一家倉皇避難，景況何等淒涼。

故事結束了嗎？當然還沒，我不是說阿維老弟總是喜劇收場嗎？

他被趕出那家保全公司後，錢也要不回來了，不過他不肯回臺灣，畢竟已「無顏見江東父老」。那該怎麼辦呢？他也真是天才，後來竟然想到一招，在大陸自己又登記了另一家保全公司，並且取名叫「新X保全」。

這下子可神了，新X保全可是臺灣的知名品牌，但在大陸的名稱卻讓他搶先註冊了。憑著這樣的資源，他才回到臺灣來，和真正的新X保全「談判」。

說真的，這也算是一種本事，竟然可以在中國重重法令下取得證號，於是新X保全同意和阿維老弟合作，雙方共同在中國開公司。殊不知，其實他只是以一招障眼法，在大陸登記的名稱是「新X保全物業管理公司」，簡稱「新X保全」而已。

由於該保全在臺灣是知名品牌，當時去大陸投資的許多臺商想要找保全公司時，他們的第一選項當然是這個來自臺灣的品牌，於是，新X保全在中國的生意拓展得非常迅速。

但是真正的新X保全也不是省油的燈，當他們知道阿維老弟的計倆後，便透過增資等種種方法，最終還是讓阿維老弟退出了公司的經營權。然而阿維老弟故事的真正結局是又再次站了起來。他就像打不死的蟑螂，屢敗屢戰，自己又另外成立了一家保全公司，而且這次他是真正可以自己作主，並且也做出了一番成績，如今可是在中國經營得有聲有色的保全公司喔！

回想整個過程，幾乎每一個關卡我都幫阿維準確預測到，並且不斷向他提出警告，但他卻從頭到尾都沒聽我的勸告，一路錯到底。可是說也奇怪，一路錯到底，卻因為走到盡頭，不得不拚命，反倒殺出一條血路來。

歷史典故：反間計

商場本就是鬥智鬥力的場合，所謂「力」，不是指武力、蠻力，而是指毅力、耐力。很多時候，看誰撐得久，誰就勝出。我在保全事業拓展過程中，也多次遭逢危機，有時和競爭對手對峙，沉得住氣的，撐得夠久就贏。而每天面對不同挑戰，更要懂得鬥智。

建安十三年，是三國時代很重要的一年，史上最知名的戰役之一——赤壁之戰就發生在這年。實際上，戰爭本身雖然慘烈，但勝敗的關鍵早在戰爭前就決定了，所謂「未戰而廟算勝者，得算多也；未戰而廟算不勝者，得算少也。」孫權、劉備聯軍，在未戰前，就以謀略占得先機，終能以寡擊眾，寫就三國鼎立歷史。

話說赤壁之戰前夕，曹操以壓倒性兵力進駐，孫劉聯軍看來沒啥勝算。但諸葛亮和周瑜獻策只要能借得東風，採用火計，曹操艦船首尾相連，一發必不可收拾。然而，要成此計，必須有多方環節配合。其中有一件事，曹營中有兩大幹練的水軍將領，一為蔡瑁，一為張允，有這兩人在，計謀難成。

要怎麼除掉這兩人呢？周瑜也正煩惱著。剛巧此時，上天送來一個禮物，那就是曹操派了蔣幹來周瑜營中探虛實。原本蔣幹就是周瑜的老同鄉，兩人相見，相談甚歡。

雙方見面，周瑜刻意不聊軍隊的事宜，一味的和蔣幹敘舊聊故鄉。原本想來探孫劉聯軍虛實的蔣幹，內心有點焦慮。兩人飲酒談天，到了深夜，周瑜不勝酒力，臥床即睡。蔣幹先是不安的守候著，待聽聞周瑜鼾聲大作，認為周瑜已經睡熟了，於是蔣幹匆忙在周瑜房間找看看有沒有機密文件。

還真讓他找到了，他看到有一封顯然是機密的書信，打開來看，赫然發現是蔡瑁、張允寫給周瑜的信。信中提到：「某等降曹，非圖仕祿，迫於勢耳。今已賺北軍困於寨中，但得其使，即將操賊之首，獻於麾下。」

這事非同小可，次日和周瑜拜謝招待後，蔣幹立刻趕回曹營，將此事與曹操呈報。曹操本就多疑，蔡瑁、張允這二人既是降將，曹操對他們並不太信任。聽聞了蔣幹的回報，發現原來蔡瑁、張允兩人是敵營內應，一怒之下，就喝令武士把他們兩個斬了。

其實曹操也是個足智多謀的人，本來不會輕易上當。一時動怒把人斬了之後，自己才恍然大悟，中了反間計，但為時已晚。

赤壁之戰，曹營少了這兩位水軍大將，讓孫劉聯軍的火攻順利進行，結局就是三分天下的局面。

想想這段故事，跟我當年故意留假的損益表給阿維老弟「偷看」相像。商場如戰場，彼此用計也不是新聞。最終有人勝，有人敗，這就是商場現實。

第六章　巾幗不讓鬚眉

保全這個行業看起來非常「陽剛」，畢竟要保護別人的家園，要保護企業財產，甚至要保護金融機構或重要人士的人身安全，感覺上不只要派男性，甚至還得派孔武有力的，最好是有軍職背景的人更適合。

事實上，保全這個行業真正需要「動武」的時候不多，反倒更需要的是細心、耐心，還有對風吹草動的敏銳度。現在女性保全從業人員越來越多，乃至於在一些公眾場合，如機場、車站等地，經常都可以看到女性保全人員，而她們的表現及風評並不差。

在我的版圖拓展過程中，遇過幾個特殊的女性，她們不只投入保全產業，並且還擔任經營者。在一九九〇年代，這更是難得，所以我稱她們為「巾幗英雄」。當然，在商場彼此間還是競合關

係，有時是敵人、有時是朋友，這不分男女，只要是拚事業都是這樣。

經營社區保全的大姊

本章節雖是親身經歷，但有些情節是由他人轉述及個人解讀，若描述或與事實有差異之處，請多包涵。

經歷過溫泉三劍客的那段歲月，我們公司在不同的磨練挑戰中，一次又一次的成長。在心底我念茲在茲的，就是不斷想要拓展版圖，讓我的保全事業可以服務更多人。

我本身除了經營事業外，也經常上教會，有些時候內心也希望尋求上帝的指引。在一九九九年，有一天我去教會時，心中正想著如何拓展我的事業版圖，很巧的，這天牧師講道的經文裡剛好有這一段：

「要擴張你帳幕之地，張大你居所的幔子，不要限止，要放長你的繩子，堅固你的橛子。因為你要向左向右開展；你的後裔必得多國為業，又使荒涼的城邑有人居住。」

——《聖經》以賽亞書（54：2）

這是神向我說話嗎？這豈不正和我的內心契合？我必須擴張我的「帳幕之地」，於是這也更堅定我想要找機會拓展保全事業版圖的決心。

隔天我就主動打電話去業界詢問，有沒有哪一家保全公司有意脫手的？我當時打給一位業界大姊，這位大姊經營的保全公司規模比我還大，她的親和度高、人脈廣，我才會向她打聽訊息。沒想到大姊一聽到我想買保全公司，直接跟我說：「吳董，不必打聽了，我的公司賣給你吧！」

公司賣給我？哪有那麼剛好的事？不是開玩笑的吧！但大姊很嚴肅的跟我說，她真的想把公司賣了，因為她覺得最近身體不太好，想要休養云云。

我心中半信半疑的，後來保全公會辦了一次聯合旅遊，我和這位大姊都有參加。旅途中她再次和我確認，她真的想把公司賣掉。後來她還提供公司財報給我，看起來真的有這麼一回事。

我仔細算算，依照報表來分析，我認為一個月大約可獲利九十萬元，大姊說她公司只要賣我一千一百萬元。也就是說，我接手後只要大約一年多就可以回本。但有這麼好康的事嗎？

人的天性就是這樣，當你很想要一個東西的時候，會想盡辦法千方百計要得到，然而一旦即將到手了，卻又開始害怕了起來。尤其在商場上總是爾虞我詐，即使互相稱兄道弟的朋友都會耍詐了，更何況我跟這位大姊也僅是幾面之緣。我總覺得條件這麼好，其中是否有詐？回家和老婆討論之後，她也覺得不放心。但難道就因此不買嗎？心中又有些癢癢的，哪有放棄即將到手肥肉的道理？

這時該怎麼辦呢？這天我又上教會了。我虔心的禱告，讓整個心都專注投入，在心情逐漸沉澱，整個人有種飄然感覺時，我看到了一個異像。在內心裡我看到一個畫面，有個玻璃器皿裡裝了清澈的水，水中還有豌豆。禱告後我立刻請教牧師，這樣的異像代表什麼意思？牧師告訴我，這是好的意思啊！所謂容器，代表的就是祝福，裝在容器裡的水，是上帝的愛。而看到豌豆，那是種綠色，代表的是生命。總之，都是正面的意思。

就這樣，我下定決心買下大姊的保全公司，事後證明，包括營運以及獲利，都跟我事先估算的一樣，整個運作也都很平順，是件不錯的交易。套句話說，簡直是天上掉下來的禮物。

當我剛買下這家保全公司時，我最擔心的一件事是他們經營的是社區保全，雖然我當時從事保全事業也有很長的一段資歷，但我卻尚未做過社區型保全。那怎麼辦呢？要找專家，最好的專家當然就是大姊本人。於是我央求大姊，公司賣給我之後，請她繼續留下來擔任總經理，先幫我穩住企業營運，同時我也有機會可以多和她學習。

大姊人本來就很好，於是她立刻答應了。因此我們幾乎是原班人馬繼續運作，只是老闆換成了我的名字。有大姊在，她做事也認真負責，一年一年下來，公司持續成長，不知不覺都這麼合作了三年。

儘管我們合作愉快，但我心中還是有個疑問。當初大姊把她的公司賣給我，主要原因是因為她「身體不好」，可是如今三年都已過去，我看她的健康情況還挺好的，連醫院都很少去。關於這一點，始終在我心中畫下一個大大的問號，如果我不找機會去釐清，總覺得心裡不夠舒坦。

為此，我私下明查暗訪，終於知道當年大姊要把保全公司賣給我的真正原因了。原來大姊不僅能力強，並且外貌也算出眾，可說是人中之鳳。然而身為女子，最怕碰到的就是花言巧語的男子，當時有個這樣的男子出現了，對方同樣也是從事保全業，長相雖貌不驚人，卻有著一張極會阿諛奉承的嘴，當年忙碌事業的大姊，很快就被那個人哄得飄飄然。

然而此人心術不正，認識大姊其實只是為了錢。今天借一點，明天借一點，一段日子下來，大姊被他借了很多錢，之後大姊發現這個人不對勁，想要把錢要回來時，對方卻一毛錢也不願意還。他看準大姊一個弱女子對他也不能如之何，債務直接擺爛。

大姊心有不甘，於是找「兄弟」去討債。這男子真是嘴上功夫了得，就算面對討債集團，他竟然也可以把死的說成活的，成功說服了討債人員，說他和大姊是朋友關係，所謂朋友有通財之義，更何況他們的關係很麻吉，他們的債務問題不需要靠外人來處理。討債人員想一想也對，如果這是人家的私事，他們還去涉入那就太不上道了，於是這件事便不了了之。

大姊心裡氣不過，心想連「兄弟」都可以被化解，如果債要不回來，那就剁對方一隻手也好，以消心頭之恨，於是她又找了另一批「兄弟」出馬。沒想到這回那男子又出奇招，他一看到「兄弟」來，立刻露出一臉討好的相貌，然後以稱兄道弟的語氣和「兄弟」們說：「我知道你們也是受人之託忠人之事，我不為難你們，但畢竟你們收錢辦事，有個交代就好。這樣吧！你們做做樣子，然後我將手臂用繃帶沾點血綁住，這樣就表示你們真的有砍到我了。我再給你們六十萬，感恩你們跑一趟，這樣好嗎？這樣子一來，你們出門一趟，就賺了兩邊的錢，何不皆大歡喜？」

於是那男子又過關了。隔一陣子，大姊看到這男子竟然又活蹦亂跳的在商場出沒，而且雙手還好好的，也拿他莫可奈何。

這回換「兄弟」來找上她了。原來他們看著這女子一個人經營保全公司，也沒什麼後臺，隨便一個男子就可以這樣欺騙她，看來這家公司有可乘之機，於是便三番兩次來騷擾她。

就在大姊心生恐懼、對公司前途感到不安時，恰好我打了一通電話過去，因此就這樣一拍即合，她當下決定把公司賣給我。

那群「兄弟」本來還想覬覦這家公司的，後來一聽說已經轉手給我了，至於我們公司，就是從前在酒店街人人聞之喪膽的黑衣人啊！誰敢招惹？於是我就得到了這個天上掉下來的禮物。

雖然這是個口口說說喊著男女平等的時代，但不論過去或現在，很多時候，女性還是處於弱勢，所以一個女性經營者就更加辛苦了。也因此，我心中對女性經營者有著十二萬分敬佩。

★不顧江湖道義的V小姐

再來講另一個保全產業女強人的故事。

同樣的，因為我心中不斷追求事業版圖的拓展，那年有個機會，知道V保全公司要轉讓，於是我就又進行了一次公司購併。

這回我倒是知道對方要轉讓的原因。當年V公司是個地區型保全公司，本來在當地也是屬一屬二的老字號保全公司，老闆是個在地方上有頭有臉的人，地方上的紅白場合經常可以看到他的身影。但這位老闆其實口袋不深，真正的金主是老闆的同居女友——V小姐，實際上公司的主要資金是這位V小姐出資的。

這位V小姐在事業經營上挺幹練的，有種江湖味，是一個女中豪傑型的人物。原本她全力支援V公司老闆出錢出力，後來還協助他參選，競逐一個重要的會長職位。為了這場選舉燒了不少錢，卻沒想到忙了大半年，V公司老闆竟然落選了。

因為選舉過程累積的債務問題，以及過往雙方本就有一些齟齬，於是落選後不久，男女雙方也因此分手了，對於公司自然也無心經營，便主動釋出要轉讓的訊息。

這家公司的本身體質還不錯，有一定的客戶群，我覺得是一個很好的購併標的，於是同意承接，改由我來經營。

不過如果就只有這樣，那只不過是一般的購併案，真正的故事現在才要開始。

V小姐把公司賣給我後，她本人也沒閒著。畢竟本身個性外向，又愛拚事業，她怎可能就此退隱江湖呢？於是她繼續從事保全業，加入了另一家保全公司擔任重要幹部，但這下可苦了我。

當初V公司轉讓給我後，合約上當然白紙黑字會註明著「競業條款」，簽約的一方，也就是V小姐，不該從事同類工作，更不該回過頭來搶我的生意。但V小姐卻這樣硬幹了，並且一直挖我的牆腳。

Ｖ公司之前原本就是Ｖ小姐在經營的，她不但熟知Ｖ公司有哪些客戶，她還非常清楚哪家公司報價多少，合約有效期到哪一年。這下可慘了，擁有這些資訊，並且她又和客戶那麼熟，於是她今天挖一家，明天挖一家，就算Ｖ公司原本有再多的客戶，也禁不起她這樣搞。

於是我帶著律師去積極蒐證，但狡猾的Ｖ小姐總是神機妙算，沒有一次讓我們抓到證據。好不容易有一回，我們的人親眼看到她進入我們的一個社區裡，公然在社區委員大會中越俎代庖，擔任起司儀，好像這個社區還是她的客戶一般。我們的人把照片拍下來，這下子有鐵證了吧！

我們憑著這些證據，一狀告到法院。沒想到Ｖ小姐超級狡猾，當法官問她：「你是否承認你在某年某月某日某時到某社區參與社區管委會活動？」Ｖ小姐完全沒否認，直接點頭承認。

法官再問：「你有沒有在那個場合上臺發言？」

V小姐也點頭承認。

法官再問：「你為何要這樣？」

V小姐此時卻辯說：「我和這個社區本就認識，所以當天去和老朋友見面，順便應大家的邀請，上臺講幾句感謝的話，只是這樣而已。」

當下我聽了傻眼，當法官問我們律師有何意見時，律師也答不出話來，就等於認同V小姐當時上臺只是老朋友致詞，並沒有違犯競業條款。

老實說，一場官司下來，我也很沮喪。因為這個V小姐太厲害了，我質問她為何不守江湖道義。她說：「人在江湖，身不由己，為了生活嘛！反正，我又不是男子漢大丈夫。」

聽到她這樣講，我真的又好氣又好笑。的確，她不是男子漢，我跟她講江湖道義那些幹嘛？

不過V小姐後來還算收斂，自從那次官司和我聊過之後，她後來不太挖我公司的牆腳，受害者換成另外一個人。

當初V小姐把公司賣給我後，改投靠T保全公司，他們老闆我也認識，因此當V小姐處處挖我牆腳，弄得我經營很苦時，我也曾去電T公司老闆，婉言規勸，我對T老闆說：「大家都是同業，沒必要搞這套自相殘殺啦！」

當時T公司老闆一副事不干己的樣子，他跟我講話就是一味的敷衍。

「什麼？挖牆腳？哎呀！你們兩個之間的恩恩怨怨我並不想知道，我也不會過問。你自己去處理吧！」

就這樣，他準備掛我電話，氣得我牙癢癢的。電話中我跟他說：「你這樣做會有報應的。」後來，報應真的轉到T公司老闆頭上了。

V小姐聰明能幹，本非池中魚，在T保全服務一段時間後又自立門戶，成立了另一家公司。可想而知，既然不是男子漢，她就繼續做不用合乎江湖道義的事，她不但繼續T保全的挖牆腳，而且比起之前有過之而無不及。

那時她已經不挖V保全的牆腳，改挖T保全的牆腳。T保全原來也算有不錯的規模，月營業額可達兩千萬左右。結果被V小姐這麼一挖之後，業績幾乎腰斬，只剩下一千多萬。這時候換T保全的老闆來找我了，他不是打電話，而是本人親自來訪。我們見面時他的第一句話就是道歉，接著拜託我教他良策，怎麼樣可以逃過此劫？我看他可憐兮兮的，也就不計較從前的事，當下傳授他一個方法。

我跟T老闆說：「所謂挖牆腳，不是想挖就挖，一定會有個誘因。V小姐能夠如魚得水，主要是因為她非常熟悉你的客戶資料，這家社區報價多少，哪個月到期，她都瞭若指掌。只要事先打好關係，T保全原本報價多少，她就降價五百元，很輕易就能把客戶搶走了。為今之計，你就順著她的思路，知道哪一家公司快到期時，事先去談好條件，只要她降五百元，你就降一千元吧！這樣子一定可以止住她挖牆腳的攻勢。」

果然，依照我的策略後，T保全的老闆立刻擬訂降價計畫，最後總算勉強守住他僅剩的半壁江山。然而守住歸守住，利潤卻因為大幅降價，已大不如前，加上T老闆本身又有投資其他事業，當時也處處不順，賠了很多錢，後來T保全只撐了大約一年後，就宣告倒閉了。

V小姐不能說她是蛇蠍女子，但的確可以說她是個狠角色。

至今我回憶起這段過往時，還記得她說：「我又不是男子漢大丈夫。」那種半嘲笑的表情。

每次想到這裡，我也不禁苦笑起來。

★飯店式管理X大姊

我還認識一位保全業的女強人，當年這位小姐可是赫赫有名，不只是保全業界人人翹起大拇指稱讚，甚至一般民眾也可能聽過她的名聲，曾有一段時間，她也經常接受媒體採訪。姑且稱她為X大姊吧！

提起保全業，一般人會想到的，可能是學歷不太高、形象很本土的感覺。但這個X大姊，顛覆了傳統的保全形象，她當年帶來的種種新思維，對整個保全業也有很大的影響。

舉例來說，大家都有聽過「飯店式管理」，這一套Know-How當年就是她從國外引進的模式。

影響所及，不僅已成為現今保全業的基本參考標準，甚至很多服務業也都參考她的作法，做為改善客戶服務的依據。

說起Ｘ大姊，早年嫁去歐洲，之後長期住在加拿大。家境本就不錯的她，喜歡旅行，又懂得觀察。用心習得了國外飯店管理的專業，從最基本的門僮怎樣開門、櫃臺小姐講話的語氣、工作人員的鞠躬角度，乃至於房間如何打掃、開門的速度等等，她都依據觀察做出一套規範，在每個服務環節都訂出ＳＯＰ。

以此為基準，她回臺灣創立了Ｇ物業公司，在當年，保全產業仍在發展中，物業管理產業更是一片荒漠，Ｘ大姊可以說是臺灣物業管理的一個傳奇人物。「飯店式管理」這個觀念，也是由她推廣成功的。

我們公司當年已有一定的規模，旗下有系統保全，同時在公營機關、企業及社區等也有保全員派駐，但對於物業管理這塊領域仍在學習。當時《物業管理法》已經出爐，大部分從事這行的公司，都是以保全公司做為營運主體，另外開一家物業管理公司相輔相成。但X大姊創立的G物業剛好相反，她是以物業管理公司做為主體，另外開保全公司輔助。

當年我也參觀過她們公司的知名案例，印象非常深刻，由於X大姊的飯店式管理非常成功，吸引了許多建設公司關注，因為建設公司蓋大樓時，為了銷售都會蓋一間樣品屋，這間樣品屋的經營關係著日後銷售的成敗。而當年很多公司樣品屋的經營，就是委由X大姊來規畫的。

我曾去參訪過她駐點的樣品屋，假定名為「櫻花戀」，那麼所有服務人員都會穿上和服，當客人上門時，就會舉止優雅的端茶，讓客戶有種賓至如歸的感覺。配合不同的建案名稱，X大姊就會規畫不同的氛圍，這也是她厲害的地方。

然而突然聽說X大姊所創立的G物業公司竟然說要賣，當時我真的怎樣也不相信。

那是在一個公會出國旅行的機緣，幾個同業聚在一起聊天，當場X大姊就釋出訊息，說她的公司想要賣掉，原因又是「個人健康狀況不佳」。不過這回經過深入聊天後，我發現X大姊真的是身體欠安，才會忍痛想要賣掉她的保全公司。

我心想，G物業既然這麼有名氣，想要接手的人一定很多吧！事實上，在這趟旅途上，也的確很多人跟X大姊口頭約定好，等回國後要過去「了解一下」。

旅程結束後，轉眼間半個月過去了。我雖然每天生活忙碌，但心中仍記掛著X大姊要賣公司的這件事，總是有點心癢癢的。有一天，終於忍不住打電話給X大姊，問她們公司後來由誰接手了？沒想到X大姊跟我說，都沒人找她談，她正在等我的電話呢！

就這樣，我開始和X大姊談判接手的事宜。日後我才知道，X大姊會把公司賣掉，原因之一真的是身體不佳，經營事業心力交瘁。但另一個更重要的原因，是她不擅長管理。

X大姊長期接受國外教育，心裡頭總是有很多的想法。但她也算老一輩的人，不太會使用電腦，每次一有想法時，總是得口述再請人打字，管理上沒那麼有效率。而在財務管理方面更是弱點，往往她看事情一味求「好」，這方面她真的是專家，一個看起來普通的空間，她能一眼就看出關鍵來，藉由擺放一盆花或者放一幅畫，立即就能讓整個場面改觀。

然而，做得「好」是一回事，必須「花多少錢」又是一回事，X大姊往往只問事情有沒有做好，卻不問成本要多少。到頭來，計算支出時才知道花費龐大，忙了半天，根本沒賺到什麼錢。所以G物業表面上看來名聲響亮，風風光光的，但實際上，卻是帳面數字悽慘，甚至連員工薪水都快要發不出來了。

原本以為是G物業管理的社區，實際上了解才知道，很多專案早已「轉賣」給別人了，而且是連同自己的幹部都一同「讓渡」出去。當我和X大姊談判時，她一方面有病在身，一方面因為公司經營的事花容憔悴。我也算是個很感性的人，看著曾經叱吒風雲、名聲響亮的女強人，如今在我面前黯然落淚，我心中終有不忍。我仔細評估這家公司後，表面看來很亮眼，但實際上資產只值五百萬元，我就跟X大姊說：「我就用六百萬買下吧！」

然而回到家後，老婆一聽到我用六百萬買了這家公司，頓時大怒罵我：「你明知那家公司已經搖搖欲墜了，你還去接手？腦袋壞掉了嗎？」

她把我臭罵了一頓後，接著她跺著腳說：「明天我自己去跟她說我們不要買了。」

隔天晚上，老婆回家時，我趕緊問她：「今天談得怎麼樣？」

沒想到老婆回我：「我算一算決定用八百萬買了。」

「什麼！昨天我出六百萬，你把我罵得臭頭，怎麼今天你又加碼兩百萬，這是什麼情況？」

細問之下，果然老婆也禁不起X大姊的眼淚攻勢，一時心軟，覺得這X大姊很可憐，六百萬根本不夠她還債，所以主動把價碼提高到八百萬。當晚我和老婆連夜細商，怎麼討論都覺得G物業不值那麼多錢，我們決定還是不要買了。不過我們擔心一個人去跟她談，怕招架不住她的悲情牌，所以決定第二天兩人一起去。

隔天我們夫婦兩個一起去找X大姊，結果談到後來，我們不僅同意買下G物業，並且最終價碼來到一千萬。等我們真正接手後，發現這公司還有很多問題，如欠稅及合約糾紛等，實際上後來花費高達一千兩百萬。

自從信了主耶穌之後，心思總是比較軟，看到別人有困難，總會情不自禁就出手相助。當初那個梨花帶淚、哭得我們夫婦心軟的X大姊，她先是因為健康問題休養了一陣子，在那段期間，我們試著學習她經營飯店式管理，但說實在的，這還真是一門專業領域，我們沒人真正懂的。等到X大姊身體調養好些之後，我委請她出來主持，聘她當我們的顧問總監。此時，X大姊整個人有了大轉變，從楚楚可憐求人幫忙，現在恢復了以往的霸氣。

由於的確她比較專業，大家都只能聽她的，因此她在管理態度上，氣焰非常囂張。我已經不只一次聽聞，她在別人面前提到我時總說：「那個吳董，只是仗著自己有幾個臭錢才當上這家公司的老闆，實際上什麼都不懂。」

她的發言透露著亡國奴般的憤恨，表現在管理上，則是對員工動輒怒罵。

由於我的事業繁忙，不是只有一家公司要經營管理，平常G物業的事務都是交由老婆來負責，她會出席公司的會議。我們也指派了一位專才擔任總經理。平日雖有耳聞X大姊的事，但心想我也不便干涉屬下的管理模式。

直到有一天，老婆有事出國，那天他們公司開會，我只好親自出席，結果當場發生了一件不可思議的事。明明我這個老闆人都已經在現場了，X大姊卻完全不給面子，我忘了因為什麼事，她竟對著我指派的總經理一頓劈頭大罵，並且把話說得很難聽。是可忍，孰不可忍？當場我大聲拍桌子，並站起來喝斥：「X大姊，你也太過分了，我人在這裡，你還敢這樣囂張，連我派的總經理都敢罵，打狗也得看主人吧！」

我對著她吼著：「你給我滾！」沒錯！我當場開除了她。

X大姊當場楞在那邊，一副不可置信的樣子，她的眼神寫著：「你以為你是誰，竟然敢這樣對我？」

X大姊曾經是保全業神一樣的人物，大家看到她都要畢恭畢敬，但是那樣的時代早就已經過去了，她經營管理不善把公司賣給我了，這是事實。我真的開除她了，之後她歇斯底里了一陣子，甚至還曾放話說要找黑道來跟我算帳，當然那都只是情緒化言語，我也不去理她。

說實在的，X大姊的專業能力的確強，至今，全臺保全業若有強調飯店式管理模式經營的，源頭的祖師奶絕對就是她。她離開公司之後，我們也經歷過好長一段摸索期，因為沒有人真的懂她那一套，大家頂多只會做到外表很像，但如何深入內裡，表現出核心，還是跟她有段距離。說句良心話，X大姊還是這個領域的第一把交椅。

事過境遷，G物業在我經營之下也逐步成長，後來甚至發展到營業額比我的母公司還大，印證了「憐憫人的有福了。」這句話，當然那已是後話了。

回首公司拓展時期，我遇到這幾個和女強人相關的故事，得到的教訓是：「**人生事處處有轉機，也處處有難以預料的事。**」

做人做事，還是誠懇實在為要。

歷史典故：挖牆腳

商場上挖牆腳的事時有所聞。畢竟比起從無到有開發新客戶，有時直接從老客戶下手還比較快。但牆腳是那麼好挖嗎？關鍵在於是否能抓住人心。

歷史上最會挖牆腳、最終並取得勝利當上皇帝的，最知名的就是劉邦了。君不見劉邦做為一方將領，不論是兵力氣勢以及武功都遠遠不如項羽。怎麼看，「力拔山兮氣蓋世」的項羽都比較有君王相。但歷史發展卻是，一切都領先的人生勝利組項羽，最終卻慘敗給劉邦。

從一開始，劉邦就很善於挖牆腳，他的勢力不如項羽，但他懂得拉攏人心，許多本來是項羽旗下的人，後來都投靠劉邦。到了楚漢爭霸最後一役，他更是使了一招超級挖牆腳戰略，那就是著名的「四面楚歌」故事。

西元前二〇二年，原本項羽、劉邦約定以鴻溝為界，表明互不侵犯。但劉邦聽從謀士建議，趁項羽衰弱時追擊他。最終，項羽被團團圍在垓下。原本項羽還有一定兵力，但劉邦卻故意讓他的所有士兵在夜裡高聲唱著楚地的民歌。聽到來自故鄉熟悉的歌聲，許多被困在垓下的項羽士兵，邊聽邊流淚，鬥志完全喪失。到了第二天，項羽的士兵已經跑掉大半，可說大勢已去。

故事發展到此，勝敗已定，只剩下如何追擊項羽了。當最終項羽於烏江自刎，走到英雄末路時，內心一定感嘆著，為何當年手下百萬雄兵，如今卻都不見了。都怎麼流失的？這可恨的挖牆腳啊！

這個故事也讓我聯想到，我們保全市場的種種分分合合，有時候一個客戶今年被我服務，明年卻投靠到另一家，但後年又可能被我拉回來。大家挖來挖去的，要怎麼決勝負？這樣的戰還有得打呢！

第四部

上山下海——標案風雲篇

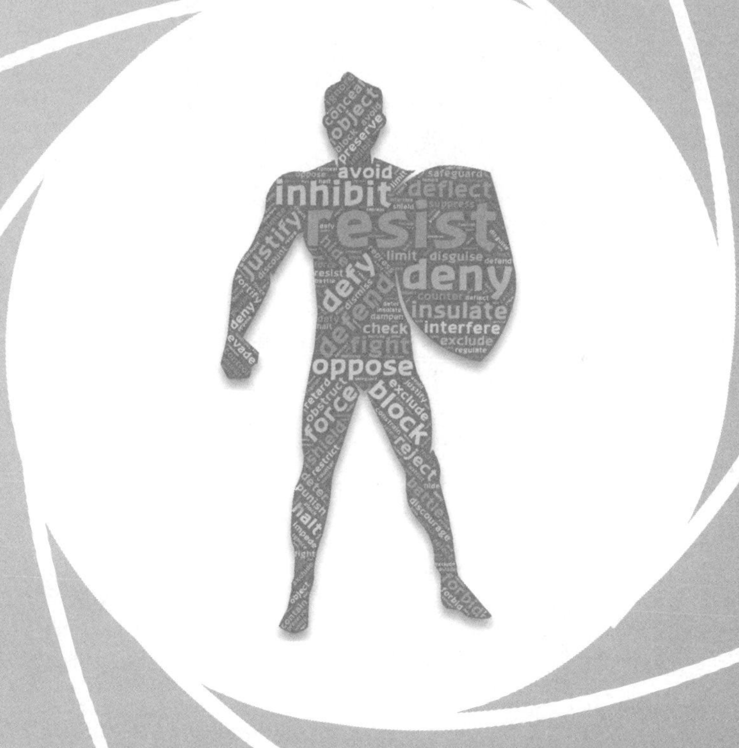

第七章　山之巔、海之涯

誰需要被保護？想一想，任何人其實都需要被保護。公家機關、政府首長、軍事單位，自不用說，需要的是高規格的軍事保護。那一般民眾的生活呢？金融機關、教育單位、社區住宅，乃至於文教場所，也都需要被保護。

還有一些地方，甚至比起以上這些地方更需要被保護，更需要保全人員進駐，那就是一些特殊的場合，平日非上班日沒人的地方，這些地方有的位於山邊海角，有的則是施工中，不准民眾進入。若沒人守衛，到了夜晚時分，外人就可如入無人之境，後果不堪設想。當我們公司服務這些地點時，也有一些特別的故事可以分享。

縱橫南北

人生就是一所學校，每天都在學習，身為臺灣保全業的先驅者，其實我對保全的各種事務，也是不斷的在學習。最早時候，我所認知的保全只有系統保全，尚未參與過人力派遣式的保全，當時接到電話要我報價，我還跟對方說你打錯電話了。後來逐步拓展人力派駐保全市場，然後一步步認識社區保全、飯店式管理保全等等。在這些過程中，當我開始以標案方式參與民間人力派遣保全業務時，我也開始有機會參與政府標案。

透過朋友告知我才知道，有一個叫做「政府公告」的平臺，可以參與政府的各項公標案。早年網路還不普及的時候，這些公告都要布線去查知，後來政府逐步E化，這樣的平臺也成為電子化，企業可以上網查詢，還可以直接訂閱電子報，長期接收標案資訊。

那時候臺灣的保全公司還不多，參與政府標案的規格也很簡單。基本上，就是誰報的價格最低，誰就可以得標。總之，我認為就是不要貪心，不要想一口氣賺太多，報價只要報得比成本高一點點，有一些些利潤不要賠錢就好。一旦你想要賺多一點時，就可能被其他業者比價比下去，因而拿不到標案。

就是憑著這種「薄利多銷」的概念，加上當年我也算保全業的先鋒之一，累積的基礎比較厚實，因此幾乎每戰皆捷。只要是我們公司出馬，那個公標案幾乎十拿九穩都是我們的，乃至於後來參與標案的開標場合時，只要大家一看到我們公司的人出現了，就有人開玩笑做勢要離開了，他們會笑著說：「走了，走了，反正忠華保全來了，我們也沒戲唱了！」

當然，我們也是合法的競爭標案，之所以每戰皆捷，除了我們秉持著薄利多銷，願意只賺一點點就好的心態，更重要的是我們很會計算成本。反正生意就是這樣，對於你的專業領域你必須很在行，可以一聽到客戶需求，腦中就迅速勾勒出一整個藍圖，把每個環節都算過一遍，需要多少預算了然於胸。

如此，我也不用去跟別家廠商比，我就只要針對眼前的案子，詳細精算所需要成本，然後加一些利潤，就變成了我的報價。若報價太低不賺錢，賠錢生意我也是不幹的。至於其他廠商之所以拿不到標案，簡單講就是報價太高，那可能是他們本身的成本較高，把整個案子算太高了，也可能是基於生意需要，想要多賺點。

然而一旦價格沒算對，就算報價只差我一元，當投標單一公開時，輸贏立見真章，差一元就是差一元，只有第一名沒有第二名，再怎麼頓足捶胸都沒用。

就是這樣，我縱橫臺灣南北取得標案，絕不靠特權，也不是靠不正當手段，就是靠專業的計算，以及勤查諮詢而已。

但即便如此，偶爾也會有出狀況的時候，在計算的過程中漏掉某個環節，那結果可能就是虧本。或者碰到以前沒碰過的狀況，甚至出現一些啼笑皆非的場合，那也是常有的事。

★駛過淹水的道路

我的保全企業服務過多種場合，包括龍蛇雜處的酒店街，包括經常劍拔弩張的宮廟。但其中讓我印象非常深刻的，是位於現今某工業區的一處工地，那是我第一次碰到想去服務現場還差點到不了的情況。

該工業區在發展前，那裡只是一塊海埔新生地。工業區的發展，總是因為有建設，當年臺灣最大的建設單位之一就是中X工程，特別是國家級的重要發展地區，中X工程對臺灣的各種建設有重要的貢獻。

這次的標案，客戶就是中X工程，依照政府規定，施工期間必須要聘請保全人員在重要路口做管制，於是這個案子就被放進「政府公告」，我的幹部看見了，就跟我報告。

老實說，我當時太輕忽了，因為我只看了一下規格單，計算「需求」，那個標案的需求很簡單，只要計算看守這個工地需要幾個人，因為地方比較遠，要負擔住宿交通費用，我算了算，就把標單依一般行情報價投出去了，在此之前根本沒有去現場探勘。

標案一投出去不久公布結果，我們果然得標了。既然得標了，我和公司幹部就要去現場，一方面拜訪工地主任，一方面也要開始安排各種進駐事宜。這一去才發現沒那麼簡單，當天我們也出發得晚，因為心中想著反正就在中部而已，也不是多了不起的路程。然而，當我把手邊的事情忙完出發前往工地時，發現工地地處偏遠，不是一般公路可以直達的，那個年代還沒有網路資訊或導航系統，只能靠著手中的地圖摸索。當我們車子到了海邊都已是黃昏時刻，天色逐漸昏暗。由於偏遠地方路燈密度不高，我們看著越來越暗的路，心中有點著急。

沒想到更糟的事發生了。天啊！竟然有漲潮，而且海水都已經淹到「路上」了。

是的，一點都不誇張，當時整片海埔新生地都還在開發，也沒有防坡堤，汽車要開的那條唯一小路就這樣被海水逐漸「淹沒」。眼看我們要前往的目標都已經在眼前了，只要通過這條路，對面已經隱隱約約看到一個工地，但似乎除了走這條路，別無他路了。那時內心真的很掙扎，要嘛把車開進「海裡」，要嘛就掉頭改天再來。

後來心想不行，都大老遠來到這裡了，怎麼可以回頭呢？只能硬著頭皮往「海裡」開了。所有想像只是幾個轉念之間，也不容我們多想了，想越久，海水就漲越高。心一橫，油門一踩，我們車子就衝過去了。在一陣水花四濺和驚心膽顫中，終於到達了工地，也會晤了工地主任。

那時候工地主任跟我們說：「唉呀！你們走那條路很危險啊！還有另一條路不用走海邊啊！怎麼不走那一條路？」

我不敢告訴他，我們之前根本就沒來探勘過怎會知道？

雖然我們成功的來到了工地，但付出的代價可不小，那就是我們的車報銷了。是的，不是當場拋錨，車子還是可以開回臺北，只是一路上我們都覺得車子的引擎聲怪怪的，一回臺北送廠後，果然，車子的線路都已泡了海水，有著不可補救的腐蝕。這下可賠大了，為了得到這個標案，就先賠上了一輛車。

這件事給我的教訓，就是凡事仍要小心為上，碰到以前沒碰過的案子，最好還是做好事先勘查的工作，才不會勞民傷財。

那鳥不生蛋的地方

然而我心想，身為一個負責任的企業，我們既然承接了這個專案，就要負責完成。只是很多當初沒料想到的事接二連三的發生，已經超乎了我們的預期。

車子報銷只是其中一件，但更令人頭疼的是這個工地本身。當初完全沒料到，所謂工地就是「百廢待舉」，也就是沒水沒電，更糟的是，那裡真的是所謂「鳥不生蛋」的地方，方圓幾里完全沒有人煙。

往好的方向想，這種地方會有哪個笨賊想來偷東西啊？但畢竟我們就是要來守護這裡的，必須面對後續的一連串問題。這種地方誰願意來駐守啊？駐守的人晚上要住哪裡？怎麼吃喝？怎麼交通？天啊！當天我們到現場後，才覺得問題大條，我的幹部們也都抱怨著，當初怎麼沒好好看標案？

反正事已至此，除了硬著頭皮想方法解決，也不能臨陣退縮了，只是狀況還真不少。

首先我們要先解決住的問題，保全警衛總要休息，那時連個睡的地方都沒有，總不能整天露天站在外面吧！但現實情況是周遭沒有任何人煙，就算開車開了一段路後有幾間房子，但那也都是鄉下農舍，不太可能出租給我們。於是我們開會動腦想出了一個辦法，去找來幾個貨櫃屋，規畫成簡單住所以及儲藏室。另外，有關辦公的地方，則是在十幾公里外的鄉鎮租了一個簡易辦公室，做為人員管理登記站。

接著，還要採買各種民生用品，反正百廢待舉，就是什麼都沒有，那兒也沒水沒電。我和公司幾個幹部除了要去採買日常起居需要的毯子、鍋碗瓢盆、換洗制服、椅子小櫥櫃外，還要準備小型發電機，搭配一些基本家電，如收音機、小電視等，以供偏遠地區駐守人員生活所需。至於每天的用水，還得由簡易辦公室按日送過去。

反正一件一件事處理，也從無到有，快要建置成一個克難的保全據點了。那時我們還去萬華採買了一些民生必需品，滿載了一貨車準備送到那裡。然而到了那邊才想到不對，東西送來了卻沒有地方放。當時還是建置期間，貨櫃屋也還沒運過來。後來我們在附近找到幾間荒廢的老屋，同時心想，這種鳥不生蛋的地方應該沒人要偷吧？於是就把貨品暫時都卸放在那邊。

沒想到過了幾天，當我們覺得一切都已準備就緒，人員也招募好了，準備要去搬那些東西時，到了老屋一看，大家都傻眼了，東西全被搬空了，而且是一件不留。我們只好把全部的東西都再採買一次。當然，這回不用再在臺北買了，就近就在當地多花一點錢採買。這次的標案算是學了一個教訓，讓我們以後承接標案時，會多做一些功課，看清楚了再送標單。

然而這個故事還沒結束。

中X保全的誕生

這個案子雖然一開始碰到一堆狀況，不但報廢了一輛車，還被偷光第一批採買的所有民生用品，但之後經營進入軌道後，工地的駐守工作其實比較簡單，費用計算也比較清楚。我們以這樣的標準承接了中X工程不同的標案，也建立起工地駐守的心得，每月還是有獲利。

這時候有人看到「商機」了，這個人不是別人，正是當初和我們接洽的工地主任。他也算是很懂得為自己公司著想的人，他發現駐地保全這件事，其實不需要太高深的專業，只要有人在工地看守就好，其餘住宿所需的物品，工地本身也都可以提供。那麼，這樣的事何必要外包呢？肥水不落外人田，因此他建議公司不如自己另外開一家保全公司，專門承包自己工程的保全工作。如今中X工程以及許多的建設公司都有自己的保全單位，就是從那個時候開始的。

話說中X工程總公司聽聞工地主任的建議後，覺得這個主意挺好的，於是就拍板定案，要成立自己的保全公司了，就叫做「中X保全」。

公司成立後，第一任總經理不是別人，正是當初提案的那位工地主任，然而表面看起來雖然風光，不過那個主任沒多久就開始後悔了。畢竟開公司不是想像中那麼簡單，保全公司看來很輕鬆，特別是工地駐衛警，似乎只要人在那邊就好，沒什麼難度。但逐漸他們就發現，保全公司的經營要獲利並不容易，而且總不能只是一直看守工地。

但若要向外拓展，對於毫無經驗的他們來說更是困難，利潤也不好。而且隨著臺灣經濟越來越發達，保全公司也越來越多，這個事業不好做，就連他們自己的工地要找人看守，人也越來越難找，每次總為了處理人事問題，弄得焦頭爛額。

有一次這位總經理遇到我，還跟我開玩笑著說：「唉呀！當初就是因為看你們做這個好像很輕鬆，我才建議公司也設立保全的。如今我真的悔不當初啊！這真的是一件每天令我頭疼的事。」

我也只能笑笑的說：「隔行如隔山，大家各自努力奮鬥囉！」

★征服最高的據點

所謂「山之巔、海之涯」，前面我們講到據點拓展到「海之涯」，現在來講「山之巔」。

有了在鳥不生蛋的地方做保全服務的經驗後，之後其他條件怪異的案子我們也都可以接了。這回又要挑戰偏遠地區的標案，位在合歡山頂，而且客戶還是外國人，這下子可有挑戰性了。首先，光是標單就得用英文寫，而且不是刊登在政府招標公告裡，而是刊載在報紙上。

原來，合歡山上的雷達站有個工程，由於使用比較先進的科技，承包商是外國公司，依照工程法規，在工程尚未完成前，工地都要有保全公司來負責安全工作，於是這家公司就在報紙上刊登英文的招標公告。

老實說，保全業的經營者當中，有不少人是大學甚至碩、博士出身，但英文太多還是會看不懂，畢竟這是個以勞力為主的產業，一般業界不會注意這個英文公告。就連我們公司也是因為有個幹部無意間看到報紙才跟我說的。當時我們還笑著說，這種難懂的公告，又是位在合歡山那麼高的地方，除了我們公司還有誰會去標啊?果不其然，這個案子只有我們一家公司去投標。

以我經營者的角度來看，我主張事業仍在拓展階段時，不要預設任何立場，各種案子都不要放棄。以這個案子來說，看來條件好像很困難，但越是這樣才代表競爭者越少，這種事有門檻，那我們就去克服困難，挑戰門檻。為了投標，我們特別到政治大學找英文程度好的高材生，幫我們把標單翻譯成英文才投標。拿到案子後，大家都很高興，因為這個案子的價碼很好，是很有賺頭的生意。

這個案子採三班制，也就是說一人負責看守八小時。理論上要找三個人，但實務上因為地點偏遠，要人從山下專程上去值班八小時再下山是不可能的，一定要住宿。既然如此，那麼就不用硬性要三個人，只需兩人輪替，一人值班，另一人休息即可。碰到特殊狀況如休假時，再由總部調人支援就好。

但最大的問題還是如何找人？住在山下的一般人是完全不可能的，畢竟保全工作收入不多，為了這樣的工作要長期住在山上，有誰願意？不過這份工作對原住民朋友倒是有幾分吸引力，因為一來他們本來就住在山上，再者，他們許多人也都處在失業狀態，急需工作。

於是我們開始去山間一一拜訪原住民村落，並且放出徵人的訊息。當消息一放出後，很快就有人和我們聯絡，有意願的人還真不少。後來我們選中一對兄弟，他們老家就在合歡山山腰，而且兄弟一起也比較有工作默契。偶爾如果想家的話，他們開車回家也只需不到兩個小時，平常則住在工地旁的工寮，而日常生活必需品等，則是事先備好存糧在裡頭。

到後來，由於這對兄弟檔每天駐守工地，和那些工地人員都混熟了，乃至於每當用餐時間，他們都能比照工地員工用餐，甚至晚上睡覺時，工地宿舍剛好還有空床位，就讓他們進去睡了。

到最後，他們幾乎都變成一家人了，因此這個案子進行得很順利，從來沒有發生問題，我們有時候都忘了還有這個服務點。這個工地前前後後施工了好幾年，那對兄弟就這樣「住」在山上，稱得上是集團「最高」的駐守單位，也為我們創造了不少利潤。

歷史典故：木牛流馬

投入保全事業二十多年來，承接過許多特殊的專案。這些專案有些位在偏遠地方，必須設法就地取材，包括人員招募及物資供應等，這也讓我想起諸葛亮的故事。

提起三國，大家第一個想到的人物可能就是諸葛亮。他足智多謀，上知天文、下知地理，並且忠心護主，是蜀國能夠成為三國鼎立其中一國的中流砥柱。但諸葛亮有個心願，就是北伐曹魏，卻終其一生沒能如願，其中最大的原因，就是缺乏資源。幾乎每次北伐功虧一簣的原因，都是因為後勤無法跟上。

然而雖然北伐失利，但諸葛亮在其他方面是頗有進展的。他曾發明了「木牛流馬」，就是為了因應後勤問題。

當時以蜀國相對較弱的國力，卻能多次主攻較為強大的魏國，木牛流馬的貢獻應該不小。相傳木牛流馬可以載重約四百斤，為蜀國十萬大軍提供糧食載運。另外，採取「屯田制」，也是蜀國可以長期對抗魏國的一大策略。只是面對魏國這樣的強國，這些後勤設施仍是不夠的。

但相對的，面對南蠻諸國部分，諸葛亮是成功的，流傳後世最為有名的就是他「七擒七縱孟獲」的故事。這中間雖然有很多謀略，但以大戰略來看，諸葛亮看重的其實是如何收服人心。

以蜀國有限的人力、物力，要征伐南蠻並且長期統治，是力有未逮的。所以聰明的諸葛亮選擇因地制宜，先收服當地人，再由這些在地人統治自己的地域，如此一來，諸葛亮後來才有餘力北伐。

放眼現代，在許多時候，一個企業之所以能夠成功，也在於懂得如何善用在地資源。

好比說，企業要遠赴中國發展，如果任何資源都要等臺灣這邊帶過去，那一定是緩不濟急，所以都要採用當地的資源設廠及聘用人才。

在我諸多的保全案場，同樣的也經常面臨資源有限的問題，但總不能什麼資源都由臺北總公司提供，如何因地制宜，從案場當地取得資源，就是拓展事業的一門學問。

第八章　形形色色的人與事

標案做多了，會碰到形形色色的人與各式各樣的狀況，也見證了不同的人情世故。說起來，保全工作還真是和「人」最有關的行業。各位想想，還有哪個產業像我們一樣，分布在全臺灣，從城市到鄉下，每天的主要工作之一，就是看著來來往往的人。有句話說：「閱人無數。」保全從業人員可都是閱人無數啊！

★那些和垃圾相關的事

前面講了幾個山之巔、海之涯的據點故事，接下來我們把故事拉回城市裡，但一樣有著特別的情節。

有個標案是由環保局所招標的，這個案子也是位在荒郊野外，是一個垃圾收集場需要保全人員。所謂「垃圾收集場」，放的不全是垃圾，比較像是介於「堪用與報廢」之間狀態的暫置場。例如汽車被沒收了，但還沒有報廢，雖然長遠來看該車輛一定會報廢，但至少現階段還沒真正進入報廢程序，因此這樣的場地還是要有人來看管，於是有了這個標案。

垃圾收集場，當然不會有居民愛住在這裡，可想而知，這又是另一個鳥不生蛋的地方，同樣也是沒水沒電，這樣的案子，也是沒有別的保全公司有興趣。

已經挑戰過各種高難度案場的我們，當然不怕這種小小的困難。鳥不生蛋的地方是吧？最關鍵要克服的一件事就是找人。同樣的，不能找來自都市的人，這裡收入少又完全沒有生活機能，晚上真的一片漆黑，不會有什麼人願意來的。

既然找不到年輕人，也找不到中壯年人，我們找到了一個老頭子。如果他沒有遇上我們，很可能就這麼過著有一餐沒一餐的拾荒日子，如今遇到我們，讓他有了一個工作機會。

我們為他找了一輛廢棄車，雖然克難，但已經比他原本自己的生活條件要好多了。我們還會不定期提供存糧，他一個老頭子等於住在那裡，每個月有固定收入保障，因此心裡非常的高興。

這個案子甚至比合歡山那個案子還久，畢竟，工地案子終有一天會結束，但這個垃圾場可是常設的單位。一年一年過去，老頭子就這麼住在山上看守著垃圾場。我們既執行一個之前沒人願意執行的標案，又幫助了一個老人。

關於垃圾，還有一個標案也是和垃圾有關。

這回不是垃圾場，而是一個知名的風景區。這裡有個令當地人相當頭痛的事，就是不只遊客沒有公德心，經常亂丟垃圾，而且還有人根本是整車廢棄物拿來這裡傾倒，破壞當地的環境。於是後來產生了這個保全招標案，工作內容就是在該風景區巡邏，取締偷倒垃圾的事件。

這個專案不是派人駐守，而是要開車巡邏，工作內容就是拍照舉證，然後讓偷倒垃圾的違規民眾罰款。

這個案子也是進行了一、兩年，大家相安無事。直到有一天，合約到期要結束的時候，原來的承辦人員已離職，換了一個新的承辦人員，不知為何，竟然任意扣押我們的薪資款項，拖了好幾個月都不願意支付。

為此，我們公司就告到承辦單位的上級去，上級也召開了協調會。在會場上，擔任協調人的主任祕書笑笑的問承辦人員，為何不支付應付的款項呢？那個新承辦人員一副正義凜然的樣子，他開口就說，他已經去調查過了，我們保全公司根本沒有依照規定進行服務，原本合約規定一輛車裡應有兩個保全人員，但他經常看到車上就只有一個人。

對此，我的回應是：「請問這位長官有具體的時間嗎？保全人員也是人，也會有生病請假的時候，也許剛好長官去拍攝的時候有人請假，怎可以因此就認定我們長期違規，並且還苛扣我們的款項呢？」

然而那個承辦人態度就是很硬，堅持我們就是沒按照規定做事，於是雙方僵持在那裡。我再次強調：「我保證我們一定是派兩個人，因為依照規定，我們車上一定會有一位環保人員隨車，如果我們只有一個人，老早就被檢舉了，你不能因為自己的推論，就故意不付款。」

協調到最後，我又說：「既然你態度這麼強硬，你對我不客氣，我也不客氣了，有些事我要在此公開宣布。但在我宣布之前，你要不要和你的大隊長再確認一下呢？」

當時那個承辦人還一副不以為然的樣子，但因為協調人要求，他只好打電話給大隊長。邊講電話時，大家就看著他的表情轉變了，從原本一副得意洋洋的囂張模樣，最後變成沮喪無奈的表情。電話掛斷後，他直接說：「好吧！我會把積欠的款項核准。」

為何一通電話影響那麼大呢？在場的人都忍俊不禁，畢竟有些事不能硬幹，還是大隊長有格局，沒有「魚死網破」，加上這件事我當時回答得妙，剛好切中重點，得以化險為夷，也是很有意思的一件事。

★那些無奈的經驗

商場上每天的狀況很多，就算我們身經百戰，也不能保證每次都能正確做出評估，有一回我們參加一個標案，就出了個狀況。我們標單投出後，才發現少計算了某些成本，依照我們投出的價格，若承接下來一定會賠本。我們心中很希望這個案子標不到，但很不幸的，由於我們的投標價格最低，最後還是拿到了這個標案。

這是個很麻煩的狀況，因為這案子真的不能接，畢竟賠錢生意沒人要做啊！但參與標案要遵守規定，如果違約的話，被扣押標金還是小事，最嚴重的是三年內會被禁止投標，這種懲罰我們無法承擔。

所以公司上下都為了這個標案感到非常煩惱。無奈之際，大家拿起標單東翻翻西找找，好像以為標單上會有替我們解套的答案。想不到還真的有呢！有人發現，標單上有個地方或許和我們有關，標單上有個得標附帶條件，那就是保全的制服要去送審，必須經過審核通過才算得標。

所以依照「規定」，我們還沒有正式得標，於是就以這個角度切入，寫了一封信給廠商，表示因為我們認為自己的保全制服不夠好，不符合審查標準，於是自動放棄送審。

如此一來，我們沒去承接這個案子，押標金被沒收是可以預期的，但我們就去廠商公共採購委員會提告。

於是我們去參加協調會，當問到事情緣由後，我們說自認制服不合格，因此沒送審。採購委員拿出標單仔細看了看，就對著廠商說：「我們就事論事，標單上的確有這樣寫這一條，所以要嘛一開始就不要設定這個條件，現在既然設了，人家當然有權不送審，既然沒送審，就不算正式得標。」

那家廠商雖然很懊惱，但也只能另外再招標找廠商了。

當然這是特殊狀況，在正常的情況下，我們不會得罪客戶，但這個標案如果真的承接下來，我們就會慘賠，只好從標單中動了點腦筋，躲過一劫。

但有時候碰到的狀況不是一般的問題，而是踢到鐵板的問題。

例如有一次，我們拿到了一個公家單位的案子。但案子拿到的同時，問題也跟著出現了。那是個一板一眼、近乎冷血的公家單位，連一點點通融都不行。那時候我們接手營運一段時間後，他們檢查發現我們有三個保全人員不合標準，這些不合標準和安全完全沒有直接關係，只不過是身體外觀的問題。

我們的保全人員當中，有一位身高一百五十九點五公分，未達一百六十公分的標準；另外一個體重超過標準一點點，還有一位則是年齡過了四十五歲。其實後者當初本來是合格的，只是在崗位上服務一段時間後，年紀來到了四十六歲，才被判定不合格。

但這三人在保全工作上都能勝任，實在沒必要為了書面規定就換掉有經驗的人。為此我們和該單位上級溝通，他們的建議是可以一紙公文呈給上級，內容則是說這三人離規定標準只差一點點，可否惠予通融，讓他們繼續服務下去。

公文出去後，等了三個月才批下來。沒想到上級的回應是不准，這三個人不能繼續服務。這樣還不打緊，竟然還要溯及既往，把以前的錢扣回來。這怎麼得了？後來竟再加上罰款，三個人加起來被扣了一百多萬。這根本不只是死板不講情理，甚至還危及員工生計。為此我們還四處奔走陳情，但最終結果，公家單位就是不能變通，這件事就這樣由官方拍板底定，他們三人不但失業，還被扣掉上百萬元。

這也是我從事保全事業多年來，一次無奈的經驗。

★那些不合理的事件

商場上不合理的事真的很多，有時候不是單靠我們堅守正義或者遵守四維八德就可以解決所有事情的。

先來分享一個砂石場的案子。

我們承接的保全專案形形色色，只要有財物需要保護，就需要保全人員。河川砂石雖然不是金錢財物，卻是全民的寶貴資產，所以也需要有人保護。當時就有這麼一個標案，保護的標的是河川，緣由於那年代砂石盜採猖獗，需要有保全人員去守護。

說實在，這種案子不好做，原因很明顯，畢竟那些砂石業者可都是不好惹的。過往曾有保全人員發現有人盜採砂石，但對方個個凶神惡煞，威脅保全人員不能提報，忌憚於對方的惡勢力，許多時候業者只能對這種事睜一隻眼閉一隻眼，經常受到威脅，也是敢怒不敢言。

我自己曾經承接過酒店街的業務，看過三教九流的人，其中我最討厭被惡勢力威脅了。自從承接了這個河川保全的專案後，我當時心想：「這個世界還是有王法的吧！我就不信他們敢那麼囂張。」

當時我還沒結束酒店街的保全事業，於是就號召了那麼一群人，三輛車浩浩蕩蕩的往河川地開去，心想誰怕誰啊！我們是站在正義的一方。

沒想到，當天我們氣勢洶洶的往河川地過去時，到了那邊，四周已一片漆黑。當車子一開進河谷，突然從黑暗中竄出一大堆人，我們一看到處都是黑壓壓的人頭，對方一看到有三輛車開進來，就立刻包圍上來，這群人個個面露凶相。

所謂形勢比人強，碰到這種情況，我們如果跟對方硬拚的話，根本沒有任何勝算。他們有人開口問我們是什麼人，我就一副輕鬆的模樣反問他們：「你們是哪裡的？」

其中有人回答：「咱是阿義的人。」

我便順著回答：「喔！原來大家都是自己人。」

之後我們便趕緊閃人。幸好我的急中生智，才躲過這一劫。

還有一次，也是不合理的事件。那天我們看到一個標案時，大家都很生氣。因為這個標案擺明是針對性的，講一句行話，就是這個案子被「綁標」了。

這個案情非常明顯，正常來說，每個標案都要有一定的期間給有意願參與投標的廠商做準備。但這個標案是星期五快下班時我們才看到，當年還沒有實施周休二日，星期六必須上半天，然而這個標案卻是星期一就要開標。也就是說，有意參加的廠商只剩周六的半天可以準備，況且這個廠商位在嘉義，標單要送到受理單位，靠郵局投遞是確定來不及的。

那怎麼辦呢？以公司當時發展的規模來說，並不是非要拿到這個案子不可，但我心中就是有股不服氣，我最討厭這種不公不義的事了。

「你要綁標是吧！那我就偏偏要去干擾你。」那個內定廠商一定以為這次的案子十拿九穩，但我就算沒拿到標案，也不要讓這種廠商好過。因此公司上下決定，我們要參與這個標案。

但這幾乎是一項不可能的任務。參加標案除了要投標以外，還有跑銀行押標金的流程，但當時已是星期五傍晚，銀行早就關門了。要如何在星期六中午前繳完押標金並送出標單完成手續呢？如果星期六一早去銀行，繳完押標金後接著再趕去嘉義，那絕對來不及。於是我們決定當天大夥熬夜趕完所有文件，執照正本、投標文件、證件、印章等，統統準備妥了，然後連夜驅車前往南部。

到了嘉義已是凌晨四、五點了，我們幾個人就窩在車上坐著睡。等到天一亮，就候在當地的銀行外面，九點鐘銀行的門一開，就第一個衝進去，辦完開戶後，又立刻請領押標金等手續，接著開車衝去投標受理單位，有驚無險的趕在十二點前完成所有投標程序。

星期一開標的結果，由於內定廠商有恃無恐，完全沒有料到會有其他公司來參與，以為穩穩可以拿下這個標案的，因此他們投標的金額並不低。而我們半途程咬金殺進來，自然以最低金額拿下標案，可以想見對方廠商當場傻眼的表情。

這個案子證明了一件事，**有時候企業不完全是為了賺錢而生，我們也會為了追求社會公理與正義而努力**。

講一句俗一點的話：「爽最重要啦！」

能夠打破不公不義的事件，當時心裡的感覺真的很爽。如今想起那時候的拚勁，以及同僚那種義氣相挺的情況，還真令人懷念。

歷史典故：何謂積極

西元六二〇年四月，唐軍李世民追擊定楊國國王瀛州景城人劉武周，及大將尋相及宋金剛，在呂州（山西霍州市）追上，大破定楊軍，乘勝再深入追擊，一日一夜急行軍二百餘華里，交戰數十回合。

抵達高壁嶺（山西靈石縣南），軍區司令官劉弘基拉住李世民的馬韁，勸阻說：「大王擊破盜匪，乘勝追趕，來到此地，功勞已經夠大，而仍不停的深入，難道不愛惜自己？加上士卒飢餓疲勞，應該就在這裡紮營，等大軍主力及糧食送達，然後再進，不能算晚。」

李世民說：「宋金剛計謀枯竭，向後撤退，軍心崩離。機會難以捕捉，卻很容易消失，一定要趁著現在的優勢，把他們擊潰。如果停留不前，他們會有充分的時間想出計謀，完成準備，我們就不能再攻，怎麼能愛惜自己？」

揚鞭打馬前進，將士們不敢再說飢餓疲勞，在雀鼠谷（山西靈石縣汾水河谷）追到宋金剛，會戰八次，把定楊軍宋金剛擊破，俘擄斬殺數萬人，宋金剛率殘餘部眾二萬人退至介休（山西介休市）。

李世民已兩天沒有吃飯，三天沒有脫下鎧甲，營中只剩一隻羊，李世民跟將士共同烹食，續向介休進發，宋金剛大敗，輕騎逃走，李世民追趕數十華里。定楊國天子劉武周聽說宋金剛失敗，大為驚恐，放棄并州（太原市），逃奔東突厥（內蒙跟蒙古）。宋金剛收拾殘餘部眾，打算再戰，但將士已不願再戰，宋金剛遂帥領一百餘騎兵，也逃奔東突厥，定楊國所屬州縣全部歸屬唐政府。

——內容引用自耿繼文《資治通鑑新解》

★拚全力去拓展事業

回想這二十年來的保全事業，真的也發生很多故事，有的感人，有的驚險。

基本上，保全事業並不好做，要非常拚才能有利潤，因此我幾乎日夜勤奮不懈，不敢稍有懈怠，有任何的商機也都會去把握。我的保全服務領域，從北到南都承接，範圍涵蓋各種領域，如同前面分享過的故事，包括合歡山頂、垃圾場邊、海角天涯我們都接。

為了爭取標案，我們很多時候都必須急中生智。

好比說，二十五年前我們在高雄還沒有分公司，但有一次我們必須南下拿到一個標案。這時案子拿到了，要聘用人，可是卻沒有辦公室怎麼辦呢？我們當時就找了一家速食餐廳，聯絡好有意願面試的人之後，就約在速食店見面。大家一邊喝可樂一邊面試，合意者當場試穿制服。速食店當然沒有試衣間，只好到他們的廁所囉！衣服換好之後，如果我們看了沒問題，當下就會錄取，並通知對方幾月幾日到哪裡報到。

有時候，一天內要接連趕好幾個地方，早上還在臺北開會，接著驅車趕到高雄，在那邊面試後，再連夜開車回臺北，因為第二天還要其他的會要開。

我們也會留意各種政府的補助，有一陣子政府為獎勵提升就業率，每聘一個人會給企業一部分的金額補助，像這類的補助政策，我們也會好好應用。在我們辦公室裡，大家除了處理來自全省各地的案場回報外，也會時時關心各類資訊，包括政府公告標案、民間招標訊息，還有像這樣的補助政策等等，保全事業利潤不高，因此就要不斷開發財源。

這中間我和同仁們都很用心做功課，也因此對於任何標案，幾乎可以一看到標單，腦海中就浮現一個個現場畫面，同時就算不按計算機，也會自動計算起來，這個專案需要聘請幾個人、要花多少錢、有哪些額外開銷、制服設備以及是否有交通費等等。也因此，當我們爭取標案時，得標率自然比其他公司高。

曾有其他同業笑稱，他們只要看到我們公司有參與的標案，他們就可以先行離席了，在這背後，我們也是花了很多心血努力經營的。

記得有一年，有個政府聯合採購標案，這個標案內含二十二個子標。每個標案獨立招標，但在同一個場地舉行。那一天，我們公司的名字被喊到讓在場所有人都從驚訝轉變到無力感了。每當得標公布，得標人又是「忠華保全」，只見在場所有人一副「又來了！」的表情。

那天從第一標開始喊，每一標都是我們得標，一路喊下來，到了中午已經開了二十一標，標標都是我們公司拿下。到了最後一標，主辦單位突然喊停，宣布中午時間要大家先去吃飯。那時我就感覺氣氛有點怪怪的，果然，吃完飯回來，下午主辦單位宣布，因為開標過程「有爭議」，所以之前宣布的標都作廢。

一定是有人去抗議，或者提出什麼程序問題。當然，我們也是很不服氣，因此向主辦單位提出抗議。主辦單位於是說：「這樣吧！請忠華保全和大家說明一下，為何你們可以每一標都以最低價得標。」

這真是強人所難，我們公司沒有義務做這種事，法律保障每家公司可以維護自己的商業機密，但主辦單位竟然公開違法。然而在眾家公司面前，我們也不想公然撕破臉，徒傷和氣，反正對方都已預設立場，認為我們做事不公正了。

此時我站起來說：「既然主辦單位不說明為何莫名其妙宣布流標，我也不會講我們公司的得標方法。」

大家一聽哄然一笑，於是那一天就在奇怪的氣氛中，以流標結束。

這就是我們保全人的事業拓展生活，充滿了種種挑戰。

但身為一個資深的保全人，我至少做到對每一件事都盡心盡力，無怨無悔。

歷史典故：出奇制勝

在保全標案領域，真的商場如戰場，有很多的鬥智鬥力，讓我想起很多的歷史故事。

日本戰國三英傑之一，織田信長，推翻了名義上管治日本逾兩百餘年的足利幕府，使從「應仁之亂」起持續百年以上的亂世步向終結，幾乎統一了全日本。但他卻在西元一五八二年遭遇明智光秀的叛變，死於本能寺。

當時明智光秀已經掌握原本信長的根據地，信長的幾位大將都已出征遠方，無人可以克制明智光秀。

原本織田信長最信賴的近臣——羽柴秀吉，當時仍率兵在中國地區圍攻毛利氏的高松城，距離京都遙遠，遠水救不了近火。

原本明智光秀接掌大權已是難以抵擋，但光秀沒料到的是，羽柴秀吉的反應竟是超越常人想像的迅速，他第一時間透過情報體系獲知織田信長遇難的噩耗，先是以極快的決斷力，當下決定和毛利氏議和。

然後在極為機密的情況下，創紀錄的率領全軍在五天內，以急行軍的方式強渡兩百公里，回到了京都。

原本自以為勝券在握的明智光秀，完全沒料到羽柴秀吉的軍隊會那麼快出現。最終秀吉以「為信長公報仇」之名為號召，成功收攏各地的信長舊屬，於山崎之戰，大敗準備不及的明智光秀。

日後羽柴秀吉改名為豐臣秀吉，他是繼任織田信長完成統一天下大夢的人。

當年若非他急行軍，以迅雷不及掩耳之姿，大出明智光秀意料之外，出現在戰場，日後日本歷史如何發展，還在未定之天。因此也使得這個事件成為歷史上最知名的急行軍之一。

想想那一回，我們以出乎意料的方式，打敗原本自以為被內定的廠商，拿下標案。這過程充滿驚奇，是個看似不可能的任務，但最終我們還是達成任務，以速度建立一次新奇蹟。

後記：一劍倚天寒，回首保全人生

日本有一個武士，當他出征前夕，想起此去狀況十分凶險，很可能會戰死沙場，他捨不得妻子，更放心不下小孩，於是徹夜趕去禪寺尋求安慰。

禪師對他說：「**兩頭皆截斷，一劍倚天寒。**」意思是前面、後面都不要去想，你只要奮力打好眼前這一仗，在凜冽的天空下，揮動那把劍。這是何等豪壯的一件事。

這個故事成為我在保全人生裡奮鬥的座右銘之一，每當我遇到挑戰、困難時，我總是想起「一劍倚天寒」的情境和風采。

在前面提到的寺廟幾次戰役裡，面對上百人的圍困、叫囂、混戰，我只能奮不顧身的拚鬥；

在酒店保全事件中，與黑道接觸、衝突，必須隻身涉險，或是鴻門宴的談判，現在想起來仍心有餘悸。

保全業的困境

有人說我天生多一副膽，但我深知，在心中必須有這樣一個「置之死地而後生」的覺悟。我常勉勵我的弟兄們：「一個人不怕死，天下的人都要怕他。」

是的！就是這種拚命的決心，打開了我的保全集團之路。當然，上帝那雙看不見的手保護、引領著我，更是關鍵所在。

「我一定要成功，永不放棄希望！」我常常帶著這樣的信念入睡，我想像功成名就之後，帶有花園的房子、車子、一家大小和樂融融的畫面，如今都一一成為真實了。

在此，我想把保全業目前的困境，概略描述做為大家的參考：

第一件要說的就是「僧多粥少」，因此競爭在所難免。

目前全臺的保全公司有七百多家，從業人員以二十萬人計，平均一家公司（含物業、機電、清潔人數）兩百八十五人。一個保全員平均貢獻淨利約為五百元，因此一般規模的保全公司，期望獲利約為十四萬兩千五百元。

如果把公司規模往上推，中大型的保全公司約有五百至一千人，全臺約僅八十家，而整體規模超過一千人的大型公司不超過四十家，而全臺超過一千人以上的超大型保全公司則只有十家左右。其餘人數在五百人以下的占了大部分，全臺約有五百五十家左右。

這是目前實際的經營情況，所以可以看見，真正有獲利能力的公司其實並不多。

不過由於業界生存不易，價格競爭便成為市場常態。有識之士引以為憂，經常疾呼大家不要殺價競爭，甚至聯合主張透過公會抵制制裁，其實這是違反公平交易法的行為。我雖已擺脫「殺價取勝」的策略，但我也非常痛恨一群人聯合去霸凌人家。

假藉公審，公報私仇的亦有之。我覺得這種行為不應該，但當我公然反對制裁之議，許多人以為我是為自己辯解，其實是錯誤的。提到「殺價行為」，有幾點是大家必須注意的。

1. 所有競爭行為，低價是最有競爭力的，品質優劣排名第二；
2. 當兩者品質差不多時，一般人多半會選擇價格較低的；
3. 一堆合格的同樣商品，一般人會挑其中便宜的；
4. 成本不是每家相同，因此低價不必然代表劣質；

5. 要贏過知名度高的對手，在同樣品質下，唯有價格殺低，才有致勝可能；

6. 直接比低價的場合，心中不貪的才有可能獲勝。最敢拚的即使沒利潤也拚的，更有可能獲勝。而拚到流血見骨虧本的，最有可能獲勝。既然價格競爭的規則是如此，那些大聲指控殺價的人，應當多有反思才對。

★競爭，各憑本事

當然，脫離價格競爭打另外戰場的，可以比「行銷道路」、「形象」、「品質」、「噱頭」等等。從一開始X大姊的「飯店式管理」到「大管家服務」、「整體營造」、「社區文化」、「專屬祕書」、「生活機能」，到「燈亮水流、花開、人和」及數位家庭等，可以看到每家都在互相抄襲，有時甚至連圖片、照片都原封不動的轉載過去。以至於名不見經傳的公司，只有三張辦公桌的有時也會雀屏中選，因為社區委員實在無從自簡報中分辨優劣。

至於為什麼公司有大有小，這也是一個很有意思的題目。我個人觀察，在創業之初，每一個人都有雄心壯志，可是過了幾個年頭，就停頓在某一個階段，很難有所突破。這是為什麼呢？我發明了一個理論，就是「創業者能量」的理論。

一個公司的發展限制，跟創業者個人的能量有關，能量強的停留在較高的階段，能量低的停留在較低階段，所以大部分的公司很難突破「天險」。

那麼要如何才能做大呢？

第一、在乎人才；

第二、在乎制度；

第三、在乎領導統御；

第四、在乎財務；

第五、在乎機會。

沒有財力，很難延攬人才，即使有人才也很難滿足他。若以股份代替薪水，結果大都更慘。因為通常這些人才的野心都大，很快就會演變成股權之爭，或者功高震主，尾大不掉。

而「制度」也是成為吸引人才的關鍵因素之一，當然，如何領導統御，也是很重要的致勝因素。最後我仍要說，**「機會」是最重要的，命運之神給機會，才能乘勢而起。**沒有「機會」，成功有限。

★公司發展現況

保全公司近年來如雨後春筍般冒出，已從起初十幾家成長到七百多家，與保全業息息相關的物業管理公司估計也有一千五百多家，競爭日益激烈。但另一方面，集合式住宅、現代式豪宅紛紛推出，以及公部門門禁委外等，保全的市場也相對成長中，因此，可以說保全業是在一個成熟期的生命周期中。

在這種局勢下，我們集團已從昔日打拚硬幹的階段，進化到精緻、高端的層次。

以三無（無多餘幹部、無會議、無公文）管理來說，現在已行不通了，不只幹部增加許多，還多了些儲備幹部，各層級的幹部會議，每天都在舉行。當然公文也多了，才能分層負責。此外還有特別助理處理公關，企畫部作企畫簡報，開發部作多角化經營研究等等。

我們也把品牌作些分隔，像「忠華」專注在公部門保全共同採購契約上，「齊家」做高端物業，「賓士」做系統保全，「滙豐」、「漢威」做賣場及高級住宅，「虹翔」做一般住宅保全等等。有人會問，這樣多品牌有何好處？其實就核心市場、核心競爭力的觀點看，是好的，比較有專精、專業。但就集團整體來看，有時只論單一公司時規模就不夠大，這是缺點。

但優點還是大於缺點，因為分開來管理，可以廣納人才，各事業成敗看得清楚。當我把各路兵馬都召集過來時，總覺得還不夠，要更努力，要做到憾動山河的地步，才能滿足。如今，陣勢已擺出，我們才剛要從這個基礎發動攻勢，未來大有可為，但仍需要大家的共同努力與支持。

購併的心法

有人很好奇我們購併了這麼多公司，不會造成公司文化及人事上的衝突嗎？其實**購併很重要的一環是「尊重」**，不要讓新購併的公司覺得他們是「亡國」，要竭誠歡迎他們加入集團，並刻意禮遇。

當然，人事上該布局的還是要布局，以免1加1等於2或小於2，新購併的公司優點要保留下來，不好的要立即更改，要是時間拖久就很難改了。

我在進行購併評估時，認為有利的購併會考量以下幾點：

一、**還本的時間**：如果能在三至五年內還本，就算是不錯的購併對象；如果要很久才能還本的話，表示獲利不高或買太貴了。

二、**要盡量合乎法令經營**：如果勞動條件給付太差，會隱藏太多的勞資糾紛，表面獲利的數字賺的是風險之財，這樣長期下來會對經營不利。

三、**要有競爭優勢或核心能力**：如果純粹只是短期獲利考量，這樣並無法長久，要選擇公司品牌、市場形象等有競爭能力的，這些都是列入考量的因素。

四、**要有人才可以互補**：有些營運領域或有些人才是千金難買得到的，這也是購併時最需要考慮的因素。

這些只是我個人經驗粗淺的參考，各種情況不一而足。**購併是突破「創業者能量」的好方法，也是可以加快企業成長的腳步**。不過如果沒有經過仔細評估就為了購併而購併，往往會畫虎不成反類犬，對原本的企業反而帶來無形的衝擊與傷害。

★感謝神的恩典

回首創業過程，初期有過資金困窘的經營危機，接著進入打赤腳、扛大刀的拚搏階段，轉型以人力派遣為主。為了擴張版圖展開併購，如今進行了集團再造。

對許多曾經幫助我、一起打拚的兄弟、員工們，我的心中充滿感激。

這絕非一己之力就能完成。

當然，內人協助一起努力，居功厥偉。她負責一切監督、執行，彌補我大而化之的個性，任勞任怨，與我共同打拚。

大家充滿拚命的幹勁，不怕艱難的義氣，不禁讓我想起「一劍倚天寒」的孤傲。若說這個集團的特色，我覺得就是這股氣勢了。

最後我要說，許多人跟我一樣非常努力，聰明才智也在我之上，那麼我有什麼可誇的呢？實在只是機會而已。而這機會，就是上帝給的。

原本我要從這個角度來寫這本書，但擔心這樣太過於個人感受，因此，我決定盡量讓事件回到真實的情境裡。躲在廁所就是躲在廁所，害怕發抖就是害怕發抖，在寺廟裡血戰，在酒店爭霸中逞強。相信這樣真實又近乎荒誕的人，反而是讀者願意擁抱的人。

「我又轉念，見日光之下，快跑的未必能贏，力戰的未必能勝，智慧的未必能得糧食，明哲的未必得資財；靈巧的未必得喜悅，所臨到眾人的，是在乎當時的機會。」

——《聖經》傳道書（9：11）

這段經文告訴我們，跑得快的人未必能獲勝，力氣大的人未必能全贏，所臨到眾人的，是在乎當時的機會。

現在，我誠心從信仰的角度來回顧，這個信仰，幫助我從死蔭之地，來到可安歇的水邊。

我們在專業「系統保全」陷入困境時，神為我們開了一扇窗，是「人心未曾想到」的一條活路。我們四處借貸無門，卻是神的恩典，不讓我們繼續深陷死胡同。在被敵人重重包圍的時候，神用祂的慈手覆庇在我身上，救我脫離兇惡。

在面對困難時，祂賜我謀略，在尋求購併時，祂讓我遇見好機會，預備各式各樣人才，幫我成就事業。

當我靜靜回首信仰的路，真的覺得是在乎當時神給的機會。

「人心籌算自己的道路，唯有神指引他的腳步。」

——《聖經》箴言（16：9）

我想「榮耀歸給神」，謙卑邀請你，以信仰的角度，與我一起回首這樣一個原本平凡的保全人生。神介入，所以即便是驚滔駭浪，亦是充滿平安、充滿盼望。

祝福大家。

拚搏：吳富榮的保全集團傳奇

作　　者／吳富榮
出版統籌／心靖國際有限公司
企　　畫／張心慈
監　　督／謝靖謙
美術編輯／孤獨船長工作室
責任編輯／許典春
企畫選書人／賈俊國

總 編 輯／賈俊國
副總編輯／蘇士尹
資深主編／吳岱珍
編　　輯／高懿萩
行銷企畫／張莉滎・廖可筠・蕭羽猜

發 行 人／何飛鵬
出　　版／布克文化出版事業部
臺北市中山區民生東路二段 141 號 8 樓
電話：(02)2500-7008 傳真：(02)2502-7676
Email：sbooker.service@cite.com.tw
發　　行／英屬蓋曼群島商家庭傳媒股份有限公司城邦分公司
臺北市中山區民生東路二段 141 號 2 樓
書虫客服服務專線：(02)2500-7718；2500-7719
24 小時傳真專線：(02)2500-1990；2500-1991
劃撥帳號：19863813；戶名：書虫股份有限公司
讀者服務信箱：service@readingclub.com.tw
香港發行所／城邦（香港）出版集團有限公司
香港灣仔駱克道 193 號東超商業中心 1 樓
電話：+852-2508-6231 傳真：+852-2578-9337
Email：hkcite@biznetvigator.com
馬新發行所／城邦（馬新）出版集團 Cité (M) Sdn. Bhd.
41, Jalan Radin Anum, Bandar Baru Sri Petaling,
57000 Kuala Lumpur, Malaysia
電話：+603- 9057-8822 傳真：+603-9057-6622
Email：cite@cite.com.my
印　　刷／卡樂彩色製版印刷有限公司
初　　版／2017 年（民 106）08 月
售　　價／380 元
ＩＳＢＮ／978-986-94994-8-4

城邦讀書花園 布克文化
www.cite.com.tw WWW.SBOOKER.COM.TW